Karl Friedrich Pockels

Briefe über die Weiber

Karl Friedrich Pockels

Briefe über die Weiber

ISBN/EAN: 9783744672061

Hergestellt in Europa, USA, Kanada, Australien, Japan

Cover: Foto ©ninafisch / pixelio.de

Weitere Bücher finden Sie auf **www.hansebooks.com**

Briefe

über

die Weiber.

Erstes Bändchen.

Hannover,

bei Christian Ritscher.

Vorrede des Herausgebers.

Verschiedene meiner Leser haben meinen fragmentarischen Aufſätzen etwas mehr Ausdehnung und Vollſtändigkeit gewünſcht. Ich habe mich hierüber bereits ſchon in der Vorrede zur erſten Sammlung erklärt, daß meine Fragmente keine ausführlichen Abhandlungen, ſondern nur Stoff zum weitern Nachdenken über die Natur unſrer Empfindungen und Handlungen ſeyn ſollten,

ten, und daß sie mir selbst als Fragmente betrachtet noch sehr unvollkommen
schienen. Diese Meinung habe ich noch
diesen Augenblick von jenen Bruchstü-
ken; aber ihrer ersten Absicht ·nach,
durfte ich meinen Untersuchungen über
den Menschen keinen größern Umfang
geben, wenn nicht aus der Bearbeitung
eines jeden einzelnen Artikels ein weit-
läuftiges Ganze entstehen sollte. In
den folgenden Sammlungen werde ich
mich aber doch in eine genauere Um-
ständlichkeit der vorliegenden Materien,
da, wo es nöthig ist, einlassen, und die
in gegenwärtiger Sammlung befindli-
chen Briefe über die Weiber mögen
ein Beweis von diesem meinen guten
Willen seyn. Genannte Briefe selbst sind
nichts weniger als ganz polemisch, sondern

dern erstrecken sich auch auf eigene Unter=
suchungen über das andere Geschlecht, die
nur einen occasionellen Zusammenhang
mit dem Gegenstande meiner angefan=
genen Widerlegung haben, ob ich gleich
aufrichtig gestehen muß, daß mir meh=
rere vortrefliche und scharfsinnige Stel=
len in dem Buche des Herrn Oberstlieu=
tenant Mauvillon über Mann und
Weib die nächste Veranlassung zu mei=
nen eigenen Untersuchungen gegeben
haben.

Uebrigens sollte es mir leid thun, wenn
man mich in Absicht gewisser hier frei auf=
gestellter Meinungen einer Härte gegen
das andere Geschlecht beschuldigen sollte;
— es ist schwer, die Wahrheit auf eine so
feine und elegante Art vorzutragen, das
sie

sie nicht mißfällt.　Nur wenige Menschen können es in dieser sonderbaren Kunst weit bringen.　Aber wer wird sie wegen ihres Talents beneiden? Derjenige gewiß nicht, welcher gegen die Wahrheit selbst mißtrauisch zu werden anfängt, wenn man sie — vergolden muß! —

C. F. Pockels.

—————　—

Briefe über die Weiber.

———

Erster Brief.

Mehrere deutsche Schriftsteller haben seit einiger Zeit ihre Aufmerksamkeit auf einen Gegenstand gerichtet, der bei aller seiner unverkennbaren und bleibenden Wichtigkeit so lange, so unverzeihlich lange fast ganz mit Stillschweigen übergangen wurde. Dieser Gegenstand sind —͑ die Weiber in Rücksicht ihrer eigenthümlichen und ursprünglichen Verhältnisse gegen unser Geschlecht. Zwar hat man diesen schwächern Theil des menschlichen Geschlechts vom Anfange der Schriftstellerei an in einer unzählbaren Menge von Geschichten, Romanen,

A   poe=

poetiſchen Schilderungen, Schauſpielen und hundert andern fliegenden, bedeutenden und nicht bedeutenden Geiſtesproducten nach ſeinen mannigfaltigen Seiten und Eigenſchaften zu characteriſiren geſucht. Man hat von jeher über die kleinern und größern Schwächen der Weiber geſpöttelt. Von jeher iſt ihre Eitelkeit, ihre Sucht, zu gefallen, ihre Modellebhaberei, ihr Wankelſinn, ihre Herrſchluſt, ihre Schlauheit und Verſtellungskunſt, ihre raſtloſe Neigung zu Intriguen, ihre unermüdete Geſchwäzigkeit und Neugierde ein Spiel des männlichen Witzes geweſen. — Von jeher hat man auf der andern Seite ihre unläugbaren, trefflichen Eigenſchaften, ihre liebenswürdige Sanftheit des Herzens, ihre Feinheit und natürliche Güte ſittlicher Empfindungen, ihre Beſcheidenheit und Sittſamkeit des Characters, ihre treue und unbegränzte Anhänglichkeit an aufrichtiger Liebe und Freundſchaft, ihre warme Religioſität, ihre nie genug zu rühmende mütterliche Sorgfalt und eheliche Zärtlichkeit als die ſchönſten Naturgeſchenke dieſes Geſchlechts in hundert Schriften geſchildert, und in tauſend dichteriſchen Verſuchen beſungen. — Man hat für

die

die eigene Lehrbücher der Geschichte, der Naturkunde, der Oeconomie, der Moral, der Liebe und Freundschaft geschrieben. — Die neuere Pädagogik hat die Aufmerksamkeit des ganzen Publicums auf ihre bessere und zweckmäßigere Erziehung von allen Seiten und auf die rühmlichste Art rege zu machen gesucht. — Unter den sechstausend rastlosen Autoren unsrer Nation hat ein sehr großer Theil bloß für Weiber geschrieben; aber über die eigentlichen geselligen Verhältnisse derselben zu unserm Geschlechte, über den allein richtigen, allein natürlichen Standpunct, worauf sie stehen müssen, auch bei dem höhern Grade neuerer Cultur und Sittenverfeinerung stehen müssen, wenn sie das Glück unsres Geschlechts ausmachen sollen, über ihre originelle Bestimmung als Mitglieder der Societät, über die bestimmten und zu bestimmenden Gränzen ihrer Geistesausbildung, — grade darüber hatte man seit Jahrhunderten wenig gedacht, wenig gesagt. Der Verfasser des Buchs über die Weiber, und ein anderer bekannter sachkundiger Schriftsteller in seinem väterlichen Rath an seine Tochter, haben jenen wichtigen Punct erst neuerlich und vornehmlich zur

Sprache gebracht, und haben durch ihre merkwürdigen Schriften eine Menge neuer, durch-
dachter und fruchtbarer Ideen darüber veranlaßt, — Ideen die künftig einmahl bei einer
genauern Zusammenstellung ein daurendes philosophisches System über die **relativen** Bestimmungen des Weibes in der Societät erwarten -
lassen.

Zu den neuern interessanten Werken dieser
Art, die wir vorjezt noch als bloße Materialien-
sammlungen zu jenem merkwürdigen System betrachten wollen, gehört mit Recht auch eine
Schrift, die unter dem Titel: **Mann und
Weib, nach ihren gegenseitigen Verhältnissen geschildert**, in lezter Michaelismesse er-
schienen ist. Der Verfasser, den man leicht erkennen wird, nennt sie selbst ein Gegenstück zu
der Schrift: über die Weiber. Sie soll also eigentlich eine Apologie der Weiber seyn, und
zwar eine sehr ernsthafte Apologie, denn der Verfasser hat es bei Führung des Weiberprocesses,
— was viele seiner Leser kaum glauben wollen,
— sehr ernstlich gemeint. „Schon lange sa-
he er mit Wehmuth, daß sich die Menschen so
oft durch Unkunde ihrer wahren Verhältnisse,
und

und zwar besonders bei den wichtigsten derselben,
dem Ehestande, ins Unglück stürzen. Schon
lange wünschte er, dasjenige bekannt zu machen,
was er durch sorgfältige Beobachtungen hierüber erforscht zu haben glaubte, damit Andere es
beherzigen und prüfen, und dann ihr Betragen
danach einrichten möchten.“ Er hat also die
bei unsern neuern Schriftstellern so seltene Absicht, — und zwar nennt er sie laut seine einzige Absicht, — zu nützen. Er wünscht, daß
zur Steuer der Wahrheit sein Buch geprüft,
und über und wider dasselbe geschrieben werde;
— ohne Widerspruch erhält die Wahrheit selten
ihren reinen Sonnenglanz! — Nun so werde
denn auch darüber und dawider geschrieben!
den größten Sturm hat er vielleicht von seinem
Hauptgegner, von dem Verfasser des Buchs
über die Weiber, zu erwarten. Sein Antago-
nist ist ein junger Schriftsteller, der die Feder
in seiner Gewalt zu haben glaubt, dessen Buch
Aufsehn erregt hat, und der dieses sein literari-
sches Schooskind wahrscheinlich von dem bittern
Vorwurfe unsers Autors zu retten suchen wird,
daß es die falschesten Begriffe über die Verhältnisse des weiblichen Geschlechts verbreite.

A 3   So

So weit hatte ich geschrieben, als ich Ihren gütigen Brief erhielt. Sie fodern mich auf, daß ich das Buch: Mann und Weib genannt, widerlegen soll. — Aber welch eine lange, mühselige Arbeit wäre dieß, da es ohne die Vorrede 521 Seiten beträgt! Viele Stellen desselben enthalten überdem die trefflichsten Wahrheiten fürs practische und gesellige Leben, und sind mit einer so warmen, menschenfreundlichen Theilnahme des Herzens, mit einem so richtigen Blick in die Natur unsrer geselligen Empfindungen und Verhältnisse, und mit einer so aufrichtig scheinenden Gerechtigkeits- und Wahrheitsliebe geschrieben, daß sie nicht widerlegt, sondern beiden Geschlechtern zur ernstlichen Beherzigung anempfohlen werden müssen. Ein Lob, welches vornehmlich seine Gedanken über die Liebe, die Freundschaft und den Ehestand verdienen. Aber mehrere andere Stellen des Buchs verdienen auch hingegen desto schärfer untersucht, und desto unpartheiischer auseinandergesetzt zu werden, weil sie, wie von Ihnen sehr richtig bemerkt worden ist, unsäglichen Schaden stiften können, wenn die Weiber dem so ernsthaft redenden Verfasser auf sein Wort

glauben sollten, — weil eben dergleichen Stel=
len durch eine überall hervorleuchtende Vorlie=
be fürs andre Geschlecht ihm zu hohe und über=
spannte Begriffe von seinem Werthe beibringen,
weil sie seine so leicht gereizte Eitelkeit, seine
Herrschsucht, seinen weiblichen Uebermuth, seine
Coquetterie, und seine höchst verwerfliche Ro=
manlectüre nur noch vermehren, und uns Män=
ner überhaupt beim ganzen Menschengeschlecht
in ein sehr unvortheilhaftes falsches Licht stellen,
indem wir fast überall als die alleinigen Urhe=
ber aller weiblichen Fehler und Ausschweifun=
gen angegeben werden.   Bei diesen und ähn=
lichen Stellen werde ich verweilen, ich werde
keine Lobrede unserm Geschlechte halten, aber
ich werde die ursprünglichen Rechte und Vor=
züge vertheidigen, die uns von Natur zukom=
men, und mit deren Verlust alles gesellige Glück,
und alle häußliche Zufriedenheit dahin sinken
würde.   Freilich werden die Damen meine
Briefe mit wenigerem Vergnügen, als das für
sie so schmeichelhafte und leckere Buch unsers
Verfassers lesen. — Das schöne Geschlecht ist
nun einmahl durch die ewigen Schmeicheleyen,
womit es überall von gedankenleeren, empfind=

famen und armfeligen Köpfen bewillkommt und
unterhalten wird, durch die hohen Begriffe,
welche es sich sonderlich in höhern Ständen
von seinen Verdiensten um die Societät macht,
und durch seine ihm angebohrne, unheilbare
Eitelkeit größtentheils zu sehr verblendet, als
daß es Untersuchungen, wie die meinigen, nur
einigermaßen erträglich finden sollte. Man
wird selbst den hohen Grad der reinsten Hochachtung, die ich ihm überall da, wo es sie ver-
dient, zu erkennen gegeben habe, verkennen,
man wird mich mit dem Namen eines unbilli-
gen Richters der schönen Welt brandmarken;
aber ich will dieß alles lieber ertragen, als mir
durch Schmeicheley Beyfall erwerben; ich will
mich nicht bloß rühmen, die Wahrheit sagen
zu wollen, ich will sie würklich sagen, und vielleicht dürfte eben diese reine auf Untersuchung
gegründete Wahrheit ein viel vortheilhafteres
Licht auf den Werth des weiblichen Characters
und der weiblichen Bestimmung werfen, als
eine mit dem Feuer einer hinreissenden Bered-
samkeit auf sie gemachte Lobrede.

Daß unser Verfasser aus Liebe zur Streit-
sucht auch dießmahl eine polemische Schrift

ausgearbeitet hat, glaub ich nicht, weil er aus-
drücklich versichert, daß es ihm hiebei nicht ums
Streiten, sondern nur um Wahrheit zu thun gewesen sey, und weil ich jedem ehrlichen Mann so
gern auf sein Wort glaube. Besser hätte er wohl
freilich immer gethan, wenn er über den nehmlichen Gegenstand ein eigenes Werk, ohne sich
grade einen Antagonisten zu wählen, geschrieben
hätte, weil polemische Schriften wegen des darin gemeiniglich herrschenden Tons nicht immer
die angenehmsten Eindrücke auf die Leser machen, und der Inhalt des die Streitschrift ver-
anlassenden Buchs den wenigsten Lesern nach seiner bestimmten Ideenfolge noch ganz erinnerlich
seyn kann.   Doch wenn ichs recht überlege, so
hat ein Autor nicht nöthig, über dergleichen Dinge dem Publico Rechenschaft abzulegen.   Der
Körper ist etwas anders, als das Kleid, und es
kann uns bei den meisten Schriften völlig gleichgültig seyn, nach welchen Leisten sie zugeschnit-
ten wurden, genug wenn wir die darin enthal-
tenen Wahrheiten durchdacht, und für die
menschliche Gesellschaft brauchbar finden.

Nur das einzige will mir gleich Anfangs
nicht einleuchten, daß das Buch über die Wel-

ber durch die darin nach der Meinung unsers
Autors herrschenden falschen Begriffe über das
gesellige Verhältniß des schwächern Geschlechts
zum stärkern, Schaden gestiftet haben soll. Es
ist wahr, es hat die Galle der feinen Damen
ziemlich zum Erguß gebracht; — allein der Schaden war nicht groß. Sie haben in ihren As-
sembleen, bei ihren Caffevisiten und in ihren Lä-
sterschulen auf den armen Verfasser nicht wenig
geschimpft, haben über ihn als einen jungen
Mann medisirt, der lange noch nicht Erfahrung
genug habe, um über dergleichen Dinge etwas
Reifes zur Welt bringen zu können. Sie haben die Gründe und Absichten seines Buchs in
einer unglücklichen Liebe des Verfassers zu finden gewähnt, noch andere haben sogar sein
Werk für eine Copie von dem Character und der
Denkungsart einer ihm ehrwürdigen Person und
wieder andere für ein Gemählde einiger impe-
riöser Damen halten wollen. Allein, wie es mit
dergleichen ephemerischen Erscheinungen im Reiche der Literatur gewöhnlich geht, — am Ende
hatte man sich darüber satt geplaudert und satt
medisirt und wahrscheinlich wäre das Büchlein
bei aller seiner Lesenswürdigkeit bald in Vergeß-

senheit gerathen, wenn es sein neuer Gegner nur
unangetastet gelassen hätte. Was uns Männer
betrift, wir haben das Ding auch gelesen, nehmlich, wie man dergleichen Sachen zu lesen pflegt,
um allenfalls zu wissen, was darin steht; aber
unsre Regentschaft über die Weiber ist dadurch
wahrlich um keinen Zoll ausgedehnt worden.
Unsere Damen, um mich der Worte des Verfassers zu bedienen, „stehen immer noch auf der hohen Stufe der Societät, worauf wir sie, oder
eigentlicher zu reden, worauf sie sich selbst gesetzt
haben, troz des Buchs über die Weiber ist ihre
Erziehung noch nicht geändert, sie gehen nach
wie vor fleißig in Gesellschaften, — lesen nur
leider! zu viel Bücher, — und es wird ihnen
überhaupt noch ganz so begegnet, daß sich jene
falschen, hohen Einbildungen von sich noch nicht
bei ihnen verlohren haben." Ja ich wette tausend gegen eins, daß das zahllose Heer von Männern, die unter dem sammetnen, oder eisernen
Pantoffel ihrer zärtlichen Ehehälfte stehen, sich
auch nach Lesung des Buchs über die Weiber
noch diesen Augenblick ihrer vorigen Subordi-
nation zu erfreuen habe. Unser Verfasser hat
sich also den Einfluß jenes Buchs viel zu gefähr-

lich gedacht, ihn viel zu gefährlich dargestellt!
oder wollte er durch eine solche Darstellung seines
Gegners den Sieg über ihn nur desto glänzen-
der machen? —

Uebrigens, geliebter Freund, kann ich Ihnen darin nicht ganz Recht geben, daß unser
Verfasser dieses sein Geistesproduct lieber hätte ganz ungedruckt lassen sollen. Die Damen
haben grade eine gegenseitige Meinung davon,
und ich selbst halte es doch auch für eine an sich
löbliche und rühmliche Sache, daß er sich nach
so mancherlei witzigen und nicht witzigen Necke-
reien, womit man die armen Weiber von jeher
befehdet hat, nach so manchen prosaischen und
poetischen Verfolgungen, die sie neuerlich von
mehrern Schriftstellern haben erdulden müssen,
des andern Geschlechts so ritterlich, so muthig
angenommen hat. Die Weiber selbst durften
es nicht thun, weil man über ihre eigene Ver-
theidigung gelacht haben würde, und weil die
ganze Art, der Ton ihrer eigenen Apologie in jedem Fall parthetisch ausfallen mußte. Ein
Mann, und zwar ein Mann von Geisteskraft
und Herzenswärme, ein muthiger, importanter
Schriftsteller, der ausserdem auch über die Jahre

einer jugendlichen Galanterie hinweg war, ein Mann, von dem man nicht auf die entfernteste Art argwohnen konnte, daß er die Rolle eines süßen Herrn habe spielen wollen, mußte das Schwerdt für sie ergreifen, wenn die Sache Aufsehn erregen sollte. Dieß ist geschehen, und ich sage noch einmahl, daß er recht wohl daran gethan hat. —

Wir sind ohnstreitig dem andern Geschlechte in Absicht seiner feurigen Liebe zu uns, und seiner treuen, innigen Anhänglichkeit an uns, für seine so mannigfaltigen, oft so mühevollen, schmerzhaften Aufopferungen zu unserm Besten, für die unsäglich vielen Lasten, Unbequemlichkeiten, Demüthigungen, die es für uns so gern, so bereitwillig und oft so großmüthig und heldenkühn erduldet auf der einen Seite, und für die Verfeinerung und Bildung unsers Geschmacks und unsrer Sitten, die wir doch gewöhnlich nur durch dasselbe erlangen, für die reinen, herzerquickenden Freuden, die wir in seinem liebevollen Umgange genießen, und für die sorgfältige Zubereitung und Erhaltung des höchsten Guts der Erde, ich meyne, häuslicher Glückseligkeit, auf der andern Seite so viel

war-

warme Hochachtung und Dankbarkeit schuldig,
daß man ein moralisches Ungeheuer seyn müßte,
wenn man nicht den großen Werth seiner Bestimmung anerkennen, und jenes hohe Gefühl
von weiblicher Liebe und Freundschaft für uns
durch ähnliche Gesinnungen erwiedern wollte.
Durch einen vernünftigen Umgang mit Weibern versüßen wir uns leichter, als durch alle
andre Mittel, unsre Sorgen und Kümmernisse
des Lebens, durch sie verscheuchen wir unsre
finstern, verschrobenen, eigensinnigen Launen,
durch ihre gutmüthigen, herzlichen, aufheitern-
den Unterhaltungen, erhohlen wir uns nach
unsern lästigen Geschäften, und sammeln dadurch neuen Muth, neue Stärke zu neuen Arbeiten. Sie sind oft der Sporn zu den größten Handlungen, zu den schönsten Pflichten
der Societät. Sie sind die Schöpferinnen
unsrer seligsten Gefühle, und schenken eben dadurch dem Leben des Mannes seinen höchsten
Reiz. Sie machen uns die Hütte zum Pal-
last, und heben uns weit über das Glück der
Thronen hinaus, wenn sie uns aufrichtig lieben. In den Stürmen des Lebens, worin
es uns so oft an Muth und Fassung gebricht,

halten sie uns gleichsam mit Riesenarmen fest, damit wir nicht unterliegen. Ihre tröstende, trauliche Zusprache stärkt uns oft mit Löwen-muth gegen Verfolgungen und Ungerechtigkei-ten kleinlicher, aber gefährlicher Schurken. Jedes kleine und große Talent, das sie aus den Händen der Natur empfangen haben, brau-chen, nützen, verfeinern sie für uns und um unser willen. Sie sind ganz unser Eigen-thum, und sind stolz darauf, daß sie es sind. Sie sind für uns da, obgleich ihr Defensor nicht will, daß sie für uns da seyn sollen. Ihre rasche, oft so richtig treffende, so fein abge-messene Entschlossenheit hilft uns nicht selten aus den verwickeltsten Situationen, und kommt mehrentheils in Erreichung ihrer Entzwecke der langsamen ängstlichen Ueberlegung des Mannes weit vor. Ihre sanfte und kluge Nachgiebigkeit bringt den wilden Geist des Mannes zur ruhigen Besinnung zurück, und bricht seinen eisernen Sinn in Ausführung un-möglicher, oder gefährlicher Plane. Die weib-liche Herzensgüte überrascht die männliche Liebe mit tausend unerwarteten Beweisen der Zärtlichkeit. Ihre Schwäche ist selbst oft

nichts

nichts anders, als eine mißverstandene Pflicht,
ein zu hoher Grad aufrichtiger, treuer Liebe.
Der erste und letzte ihrer Gedanken, das ganze
Streben und Würken ihrer Geisteskräfte, der
warme Enthusiasmus ihrer Empfindungen,
die ganze Fülle ihrer angebornen Herzensgüte
ist unverrückt auf unser Glück, als der Haupt=
gegenstand aller ihrer zärtlichen Wünsche, ge=
richtet, wenn sie uns lieben, — und sie wer=
den uns gewiß ewig lieben. — O wäre auch
mir, um mich wie unser Verfasser auszudrük=
ken, die Anmuth eines Voltaire, die Stärke,
die Wärme, die Zauberkraft der Schreibart ei=
nes Rousseau zu Theil worden, um den hohen
unverkennbaren Werth des andern Geschlechts
mit lebendigen nie zu verwischenden Farben
darzustellen! — Aber bey allen diesen durch
die Erfahrung bewährten Prämissen dürfen
wir dennoch in unsern Untersuchungen über die
eigenthümlichen Verhältnisse des andern Ge=
schlechts zu dem unsrigen die Gränzen der weib=
lichen Bestimmung nicht **zu weit** hinausrük=
ken, um nicht alle Ordnung der Dinge umzu=
kehren, und den großen Unterschied geflissent=
lich aus den Augen zu verliehren, den die Na=

tur zwischen beiden Geschlechtern von Anbeginn festgesetzt hat. Wenn wir auch einmahl mit dem Dichter sagen wollten, daß der Schöpfer aus dem Weibe habe ein Meisterstück schaffen wollen; so dürfen wir doch nichts in dieß schöne Bild hineintragen, was ihm vom Anfange der Weltschöpfung an gefehlt hat, und, so lange es Menschen geben wird, fehlen muß, weil es die Natur so will. So dürfen wir z. B. dem Weibe nicht Geisteskräfte und Denkfähigkeiten beylegen, die ihm nach der ganzen Einrichtung der Dinge nun einmahl nicht zukommen, und so dürfen wir, wenn wir der Wahrheit getreu bleiben wollen, auch nicht immer, wie unser Verfasser thut, die bloß gute und glänzende Seite des Gegenstandes herauskehren; sondern auch seine Fehler bemerklich machen, und nicht so bereitwillig seyn, diese Fehler zu entschuldigen. — Nichts in der Welt kann bey einem so inflammablen Geschlechte, als das weibliche ist, gefährlicher seyn, als grade eine solche Sprache, ein solcher Ton der Untersuchung. Da das andere Geschlecht sich bey allen ihm concedirten Vortheilen und Vorzügen immer für den unterdrück-

B   ten

ten Theil des Menschengeschlechts zu halten
pflegt, so faßt es jede Idee, die seine Freiheit
erweitert, seinen weiblichen Egoismus begüns
stigt, und seine Herrschbegierde reizt, mit ei=
ner unbeschreiblichen Leichtigkeit und Gelehrig=
keit auf, und verwebt sie dann so genau in das
Ganze seiner Gefühle und Handlungen, daß
sie sich, wie wir aus tausend unglücklichen
Ehen sehen, nicht wieder davon absondern läßt.
War es daher dem Verfasser bloß um die Süß=
sigkeit des Beifalls zu thun, wollte er eine
ganze Hälfte des Menschengeschlechts gewin=
nen, um nur von dieser gelobt zu werden; so
war seine Absicht kleinlich und verderblich, so
verdiente sein Buch von keinem **Manne** gele=
sen zu werden. War es ihm um Untersuchung
zu thun, was ich nach der ganzen Sprache
und Methode seiner Schrift gern glaube; so
durfte er nicht immer, nicht zu laut den Wei=
bern das Wort reden, wenn er nicht in den
Verdacht einer Partheilichkeit gerathen wollte,
— das schlimmste, worein ein Schriftsteller
gerathen kann! —

Zwey=

Zweyter Brief.

Laſſen Sie uns nun zur Zergliederung des Buchs, und einiger darin aufgeſtellten Meinungen des Verfaſſers ſelbſt kommen. Unſer Autor hat dem Leſer die Ueberſicht ſeiner Unterſuchungen dadurch ſehr leicht zu machen geſucht, daß er die Folge ſeiner Gedanken, wie in dem ſyſtematiſchen Gerippe einer Logik oder Dogmatik, am Rande der Seiten aufs ſorgfältigſte angegeben hat. Im erſten Hauptſtücke der erſten Abtheilung, welcher keine Inhaltsanzeige, wie der zweiten, beigefügt iſt, handelt er von den **natürlichen** Anlagen des Mannes und Weibes. Dieſe hätten erſt billig und zwar pſychologiſch auseinandergeſetzt werden müſſen, ehe er ſich für eine von beiden Meinungen erklären konnte: ob es nehmlich einen würklichen Unterſchied der Geiſtesfähigkeiten zwiſchen beiden Geſchlechtern zum Vortheil des männlichen gebe, oder nicht gebe? — Statt dieſer nothwendig vorauszuſchickenden Unterſuchung nimt

er

er an, daß sich die Frage unmöglich mit Gewißheit entscheiden lasse, weil man sich kein Geschlecht ohne das andere denken könne, weil sie
zusammen nur ein Ganzes ausmachten, und
weil eben daher eine abgesonderte Betrachtung
beider Geschlechter etwas sehr unnatürliches sey.
Allein grade dieses Unnatürliche will mir nicht
einleuchten. So genau auch immer die Natur
beide Geschlechter vermöge ihrer sittlichen und
physischen Beziehungen auf einander verbunden
haben mag, und so sehr sie beide, als Menschen-
classen betrachtet, durch die Bande der Societät und der Nothwendigkeit der Societät zu
einem großen Ganzen vereinigt sind; so muß
und kann man sie doch sehr wohl von einander
abgesondert denken, wenn man ihre beiderseitigen Geistesanlagen nach den Gründen ihrer
wirklich vorhandenen **psychologischen** Verschiedenheit untersucht. Es liegt nichts Unnatürliches darin, wenn man sich diese Gründe
von allen politischen und geselligen Verhältnissen beider Geschlechter gegen einander unabhän-
gig denkt, und sich eben diese Gründe als Eigenthümlichkeiten des weiblichen Verstandes vor-
stellt, die immer noch Eigenthümlichkeiten des-

sel-

selben bleiben würden, wenn auch eine andere
Erziehung unter den Weibern eingeführt würde,
und andere Motive die Entwickelung ihrer Seelenkräfte bestimmten. Wollte man jene Eigenthümlichkeiten des weiblichen Seelenorgans
nicht annehmen, und keine Grade der Denkfähigkeiten beider Geschlechter gestatten, so würde man nicht nur der Erfahrung gradezu wi-
dersprechen müssen, sondern man würde dann
auch allen originellen, selbst physischen Unterschied beider Geschlechter zu läugnen gezwungen
seyn, und würde von einer höchst verschiedenen
Organisation der Materie dennoch die nehmlichen Würkungen erwarten. Diese Schwierigkeiten sind unserm Verfasser nicht entgangen;
aber er hat sie immer nur ganz flüchtig übergangen, und sich lieber von der Klippe durch das
Vorgeben weggewandt, daß sich obige Frage
ohnmöglich mit Gewißheit entscheiden lasse.
Er raisonnirt daher folgendergestalt: ,,Ich will
annehmen, die Fortpflanzung des menschlichen
Geschlechts geschähe auf eine andere Weise, als
jezt, ohne Regung von Lust zur Vereinigung beider Geschlechter, ohne noch stärkere Regung von
mütterlicher Liebe, und endlich ohne Bedürfniß

B 3   des

des Beistandes der Eltern zur Auferziehung des
noch kleinen unbehülflichen Menschen. Uebrigens
aber möchten beide Geschlechter in ihrem jetzigen Zustande zusammen auf diesem Erdball woh-
nen. Alsdenn, behaupte ich, würde das körper-
lich schwächere immer genöthigt werden, sich mit
den unbedeutendsten und verdrüßlichsten Be-
schäftigungen in der menschlichen Gesellschaft zu
begnügen, und sich darnach zu bilden, diese gehörig zu verrichten. Die Entwickelung der Ver-
standeskräfte dieses Geschlechts würde also immer durch seinen Würkungskreis beschränkt bleiben. Wollte man daraus schließen, fährt er
fort, daß es die Natur selbst, und anders als
durch diese Einrichtung so beschränkt hat, so wäre das gewiß zu voreilig. Allein das Gegentheil könnte auch nie ausgemittelt werden, indem man das Spiel anderer Anlagen, die dieses Gegentheil hervorzubringen im Stande wären, nie in der Würklichkeit erblicken könnte"
u. s. w. Und Seite 18 macht er noch eine andere sonderbare Bedingung, die also lautet: „die
Gottheit müßte uns den Vorhang der Möglichkeiten aufziehen, in so fern es Möglichkeiten geben mag. Da müßte sie uns eine Welt zeigen,

gen, wie diese, die aber von lauter Weibern mit
ihren gegenwärtigen Verstandsfähigkeiten bevöl=
kert wäre. Wenn alsdenn in dieser Welt, nach=
dem sie so lange bestanden hätte, als die unsri=
ge, Künste und Wissenschaften nicht erfunden
und nicht so wie bei uns vervollkommt wären!
dann erst könnte man mit Recht behaupten, die
Seelenkräfte des weiblichen Geschlechts wären
den unsrigen von Natur untergeordnet."

Man muß aufrichtig gestehen, daß sich un=
ser Verfasser recht viele Mühe gegeben hat,
durch gesuchte Umwege die Entscheidung der
Hauptfrage als unmöglich darzustellen. Ich
werde unten das Bild einer solchen Weiberwelt
entwerfen, und darin die weiblichen Homere,
Neutone, Leibnize und Kante aufsuchen! Jezt
kann es uns genug seyn, die Unsicherheit unsers
Verfassers hinter seinen Verschanzungen und
unmöglich angegebenen Entscheidungen der Sa=
che anzuzeigen, und die Gründe seiner Meinung,
daß es keinen ursprünglichen Unterschied der
Geistesfähigkeiten zwischen beiden Geschlechtern
gebe, zu prüfen, denn diesen Unterschied läug=
net er Seite 23 offenbar, ob er gleich noch kurz

B 4 vor=

vorher behauptete, daß sich die Sache nicht mit
Gewißheit entscheiden lasse. —

Unser Verfasser konnte seine Meinung von
der originellen Gleichheit der Seelenkräfte beider Geschlechter, oder eigentlicher zu reden, ihrer
Denkfähigkeiten vornehmlich auf eine zweifache
Art beweisen. Einmahl konnte er sagen, daß
die innere Seelennatur aller vernünftigen Wesen wegen der auffallenden und ursprünglichen
Einerleiheit der Principien, wonach sie sich ins-
gesamt im Denken und Handeln vermöge der
unabänderlichen Gesetze unseres Geistes richten
müssen, durchgängig dieselbe ist und bleibt, daß
folglich alle menschliche Seelen gleichsam nach
einer Form, nach einem Modell, geschaffen worden sind, und daß diese allgemeine Denkform
beiden Geschlechtern mit unverkennbaren Zügen
auf einerlei Art von der Natur eingeprägt sey.
Er konnte auf diesen psychologischen Schlusse
fortbauen, und behaupten, daß der weibliche
Verstand sich in sehr vielen wichtigen Fällen,
Situationen und Verhältnissen des Lebens dem
männlichen nicht nur vollkommen gleichstellen
könne, sondern sich auch oft weit über denselben
erhebe, und ihn nicht selten in dem Talent den

Ge-

Gelehrigkeit, in Entdeckung des einzig richtigen Gesichtspuncts vieler Gegenstände, in einer wohl gewählten und sichern Philosophie des Lebens, in den feinern Gefühlen für Geschmack, Sittlichkeit und Harmonie, und in Auffindung und Zusammenstellung der Aehnlichkeiten der Dinge weit hinter sich zurücklasse. **Zweitens** konnte er sagen, daß wenn auch eine ursprüngliche Gleichheit der Seelenkräfte beider Geschlechter nicht zugegeben würde, der nun einmahl bemerkte notorische Unterschied jener beiderseitigen Seelenkräfte nicht wesentlich, sondern nur zufällig sey, und nach den verschiedenen Graden dieser Zufälligkeit bald von der Methode und Form der Erziehung, bald von der eingeschränktern abhängigeren Bestimmung des andern Geschlechts, bald von den individuellen Antrieben, Aufmunterungen und äußern Vortheilen, die das männliche Geschlecht zu einer höhern Geistescultur anspornten, abhängen müsse, so daß, wenn die Umstände, Motive und Verhältnisse von beiden Seiten gleich wären, auch die Geistesfähigkeiten beider Geschlechter im Ganzen vollkommen gleich seyn müßten. Den ersten Beweis von der allgemeinen Gleich-

heit

heit menschlicher Seelen, als Seelen betrachtet,
hat unser Verfasser mit Stillschweigen übergan
gen, den zweiten hat er desto weitläuftiger aus
einandergesezt.   Ich will mich in der Folge
meiner Untersuchungen über beide Argumente
sogleich näher erklären.

Wenn auch unser Verfasser mit mehrern Phi
losophen eine allgemeine Gleichheit der Seelen
natur aller Menschen annehmen wollte, und ohn
erachtet er sich gar nicht auf die Untersuchung ein
lassen will, wie sehr die Kraft des Denkens und
die Grade dieser Kraft von der Organisation ab
hängen, indem er sich immer mit der Ausflucht zu
retten sucht, daß wir die Anlagen des Körpers und
Geistes lange nicht mit der nöthigen Genauigkeit
kennen; so ist doch der verschiedene Einfluß der
Maschine und unsrer materiellen Ideen aufs Vor
stellungsvermögen und auf die Würkungsart die
ses Vorstellungsvermögens so ausgemacht und
entschieden, daß ihn kein vernünftiger Mensch ge
läugnet hat und läugnen kann. Wenn wir auch
hier nicht dem sonst an sich unschädlichen Materia
lismus das Wort reden wollen; so können wir
doch ohne Bedenken annehmen, daß der Körper an
allen Operationen der Seele einen wichtigen An

theil

theil hat, daß seine Bauart mit den Handlungen
des Denkens im genauesten Verhältniß sieht,
und daß, wenn wir zwischen zwei Menschen bei
gleichgünstigen Umständen zu ihrer Ausbildung
einen merklichen Unterschied an Geisteskräften
bemerken, der Grund davon vornehmlich mit in
dem Körper liegen müsse. Alles dieß sind längst
bekannte Wahrheiten, die ich nicht weiter aus;
zuführen brauche. —

Finden wir nun vollends jenen Unterschied
bei ganzen Geschlechtern, ist dieser Unterschied
würklich evident; so sind wir auch berechtigt, den
Unterschied der Geistesfähigkeiten derselben
aus einem Grunde herzuleiten, der der nächste
und natürlichste ist, ich meine, aus der Verschiedenheit der Organisation, weil diese
der erste und ursprüngliche Grund aller Geistes-
verschiedenheit überhaupt ist, und die nachheri-
gen Bestimmungen dieses Unterschiedes bloß ac-
cidentell sind. — Unläugbar ist die Organisation des Weibes von der des Mannes sehr merk-
lich unterschieden. Der Anatom kann uns diese
Unterschiede bis zur größten Deutlichkeit an;
geben, und nur ein physisch Blinder, sagt unser
Verfasser selbst, kann behaupten, daß es keinen
phys-

physischen Unterschied zwischen beiden Geschlechtern giebt, ob er es gleich auf der andern Seite
dem Rousseau nicht vergeben kann, daß dieser
bei einer größern körperlichen Stärke eine größ-
sere Kraft der Seele angenommen hat. — Offenbar ist das Weib im Allgemeinen und bei allen Nationen so wie überhaupt in der ganzen
thierischen Schöpfung schwächer, schlaffer, feiner
und zarter gebaut, als der Mann, weil ihre Bestimmungen nicht die nehmlichen seyn sollen.
Die weiblichen Nerven sind biegsamer, zärtlicher,
reizbarer und matter, als die unsrigen. Selbst
die weiblichen Riesen leiden gemeiniglich sehr viel
an Nervenschwächen, an Nervenkrankheiten.
Der Körper des Weibes ist nicht zu langen Anstrengungen des Geistes gemacht, so wenig als
es wegen seiner reizbarern und lebhaftern Imagination lange bei einem Gegenstande verweilen
kann, der Anstrengung des Kopfs und anhaltende Sammlung des Geistes erfodert. In der
ganzen weiblichen Maschiene des Körpers, in
der Weichheit und Schnelligkeit sinnlicher Eindrücke auf sein Gehirn, in den dünnern, nach-
gebendern Fäden seiner ursprünglichen Organisation liegt nach der Meinung aller denkenden

Phy-

Phyſiologen ein Etwas, welches den bemerk-
ten Unterſchied der Geiſteskräfte zwiſchen beiden Geſchlechtern ausmacht, und wenn auch beide
einerlei Unterricht empfingen, von einerlei Mo-
tiven zu ihrer Geiſtesbildung angetrieben würden, immer noch als eine unabänderliche Erſchei-
nung der menſchlichen Natur vorhanden ſeyn
würde. Will der Verfaſſer dieſen urſprüngli-
chen Unterſchied der Organiſation beider Ge-
ſchlechter läugnen, will er ihren offenbaren Einfluß auf die Grade des Denkens und Empfin-
dens nicht anerkennen; ſo ſtreitet er gegen das
helle Sonnenlicht, und gegen die erſten Gründe
der Pſychologie und Anatomie. Will er aber
hiebei etwa einwenden, daß oft die ſchwäch-
ſten Männer am Körper einen ſehr hohen Grad
von Denkkraft und Geiſtesenergie verrathen!
ſo kann man ihm ohne Bedenken antworten,
daß ihre Organiſation immer die Organiſation
eines Mannes iſt, der äußerlich nur ſchwach zu
ſeyn ſcheint, aber dennoch immer von der Natur
zu den Operationen eines Verſtandes eingerichtet wurde, der bei einer gehörigen Ausbildung
tiefer in die Wiſſenſchaften eindringen, bei groſ-
ſen, zu erforſchenden Gegenſtänden und Wahr-
heit-

heiten länger verweilen, mehrere Plane in ein
Ganzes zusammenfassen und ordnen, und überhaupt von Natur schärfer, durchdringender, feu-
riger, selbstständiger und origineller denken kann,
als der weibliche.

Laßen Sie uns diese einmahl angefange-
ne Anatomie des weiblichen Verstandes, oder
wenn Sie wollen, der weiblichen Geistesfähigkeiten etwas weiter verfolgen. Es soll dadurch
dem andern Geschlecht kein Vorwurf von Gei-
stesschwäche gemacht werden. Wenn der weibliche Verstand sich nicht so hoch, als der männliche schwingen kann; so ist dieß keine Enteh-
rung desselben, sondern eine sehr weise Einrichtung der Natur, die grade durch jenen Unterschied der Denkfähigkeiten beider Geschlechter
die Bande der menschlichen Gesellschaft enger
verbunden und dadurch in allen Theilen derselben, so wie in der gegenseitigen Stimmung unsrer Gefühle die schönste Harmonie bewürkt hat.
Es ist kein Tadel, keine schriftstellerische Unbilligkeit, wenn ich demnach zuvörderst behaupte:
daß selbstständige, originelle Geisteskraft, Gei-
stesgröße und Geistesstärke, große Gedanken-
plane zu erfinden und auszuführen, dem Weibe
we-

wegen seiner einseitigen Art zu denken, wegen
seiner geringern Kraft zu anhaltenden und fort=
schreitenden Anstrengungen, und wegen seiner
natürlichen, forteilenden Lebhaftigkeit der Em=
pfindungen, allgemein genommen, nicht eigen=
thümlich sey, und daß dieß alles höchstwahrschein=
lich von einer schwächern Organisation, von ei=
nem laxern Nervengebäude herrühre. Der
weibliche Verstand ermüdet gemeiniglich eher
und früher, als er das Ziel einer langen, langes
Nachdenken erfodernden Ideenfolge völlig er=
reicht hat; seine Begriffe eilen fast immer mit
einer unruhigen Lebhaftigkeit so sehr vorwärts,
daß sie sich bald unmerklich, bald aufeinmahl
von dem Faden der Untersuchung losreißen, und
lieber auf blendende Nebenideen stoßen, die we=
gen ihrer Neuheit begierig aufgegriffen werden,
aber auch zugleich jene Unstätigkeit veranlassen,
welche wir bei allen Damen bemerken, wenn
von einer ernsten, ich will nicht einmahl sagen,
speculativen Wahrheit, lange und mit Geistes=
anstrengung gedacht und geredet werden soll.
Eben dieß macht sie nun auch zu dem anhalten=
den und rastlosen Studium ernsthafter Wissen=
schaften ungeschickt, und ist mit der vornehmste
Hin=

Hinderungsgrund, warum selbst unter der grof=
sen Anzahl von Weibern in höhern Ständen,
welche Muſſe, Zeit und Gelegenheit genug zu
den Wiſſenſchaften haben, ſich ſo wenige zu ei=
ner fortgeſezten wiſſenſchaftlichen Anſtrengung
entſchlieſſen, ich will nicht ſagen, ſie ausführen —
und doch ſollte man grade in unſern Zeiten, wo
Vielwiſſerei unter den Damen der Modeton ge=
worden iſt, mehr ſcientiviſche Kenntniſſe bei
dem andern Geſchlecht erwarten. Der weibli=
che Verſtand iſt nicht zum Scharfſinn, zur Ent=
wickelung tiefliegender Wahrheiten, zur uner=
müdeten Application auf große Gegenſtände des
menſchlichen Wiſſens gemacht. In keinem Fa=
che unſrer Kenntniſſe ſind merkwürdige und in=
tereſſante Entdeckungen wichtiger Wahrheiten
von Weibern vorhanden, ſie ſcheinen dazu nicht
gemacht zu ſeyn, weil ſie eigentlich keine **Selbſt=**
denkerinnen ſind, weil der weibliche Verſtand
gemeiniglich nur auf der Oberfläche der Gegen=
ſtände verweilt. Ueberdem hängt er zu ſehr an
dem blendenden, bunten Colorit des Vortrags,
mehr an der Schönheit, als Wahrheit des Ge=
dankens, an der ſinnlichen Darſtellung lebhafter,
Gefühle erregender Bilder, an der Kunſt des

Wi=

Witzes und überraschender Neuheit, als daß er
tief genug in das Reich der Wahrheiten eindringen könnte. Wo jenes nicht statt findet, ist keine
Lust, kein Reiz zu seinen Anstrengungen da, wenn
auch der Gegenstand noch so wichtig und frucht-
bar seyn sollte. Die Werke, die nur einige fort-
gesezte scharfe Aufmerksamkeit erfodern, bleiben
von Weibern gewiß ungelesen, zumahl wenn
sie ernsthaft und systematisch geschrieben sind.
Die Einbildungskraft wird durch solche Schriften nicht sehr in Schwung gebracht, die Folge
der darin aufgestellten Sätze fodert mit jeder
Seite eine neue Spannung des Geistes, die
Resultate der Untersuchung können nur mit
Mühe gefunden und verstanden werden, — es ist
kein Roman, kein Musenalmanach, keine Bal-
lade.

Wir werden in der Folge dem gesunden
Menschenverstand der Weiber alle nur mögli-
che Gerechtigkeit wiederfahren lassen; aber man
frage auch einmahl selbst diejenigen Damen, welche ernsthafte, ja wohl gar philosophische Werke
zu lesen wagen, — was sie daraus behalten?
Fast durchgehends werden wir finden, daß es nur
einzelne Stellen, einzelne schöne frappante Ge-

C   dan-

danken, einzelne Bruchstücke sind, die sich durch ihre Leichtigkeit und Anschaulichkeit empfehlen. Das Ganze eines Systems nach allen seinen Theilen und Folgen durchschauet das weibliche Auge nicht, weil es kein Gegenstand der Schönheit und scientifischen Neuheit für dasselbe ist, weil die weibliche Forschbegierde nicht Stätigkeit genug hat, und zu leicht bei ernsthaften Wahrheiten ermüdet. Selbst das Mißtrauen, welches die Weiber bei aller ihrer heutigen Literatursucht und großen Belesenheit doch immer noch in ihre Geisteskräfte setzen, wenn von scharfsinnigen Wahrheiten die Rede ist, hindert sie gemeiniglich sehr an dem Studium tiefsinniger Werke. Ich sage an dem Studium desselben, denn durchblättert wird es wenigstens, wenn das Buch Aufsehn gemacht hat, um in dieser Weltgegend nicht ganz unwissend zu scheinen, um diesem und jenem Halbgelehrten gelegentlich einmahl eine gelehrtscheinende Objection machen zu können, kurz, um mit seinen Verstandskräften in einer Assemblee, auf einer Promenade, in einem Briefe zu coquettiren. Auch hier bestimmt übrigens der Modeton, dieser allgewaltige Tyrann des andern Geschlechts, alles.

Die philosophische Lectüre ist unter den Damen
sehr in Gang gekommen, und mehrere haben sich
sogar an dem Heiligthum der Kantschen Critik ver-
greifen wollen. Es ist vorauszusehen, daß dieser
Pruritus nur vorübergehend seyn kann. Das
Modejournal wird diese philosophische Krankheit der Damen schon wieder heilen, und die arme Critik in das Exilium eines unberührten Bü-
cherbrets verweisen.

————————

Dritt

Dritter Brief.

Nennen Sie, mein Freund, den characteristischen
Zug des weiblichen Verstandes, daß er bei Gegenständen der Untersuchung und des ernsten
Nachdenkens mit gleicher Anstrengung nicht lange verweilen kann, wie Sie wollen, genug er
ist einmahl da, und wird von dem andern Geschlechte selbst eingestanden. Das vornehmste
Hinderniß, welches die Weiber auch bei größern
äußern Antrieben, auch bei einer wissenschaftli-
chern Education doch immer abhalten würde,
sich tiefe scientifische Kenntnisse zu erwerben,
wird also immer jene Unstätigkeit, oder wie Sie
es nennen, Gedankenflüchtigkeit bleiben, die wir
von Jugend auf bei ihnen bemerken, und die
sie selbst in den ernstern Jahren des Lebens nicht
ablegen können. Der Grund dieser Geistesun-
stätigkeit liegt theils in der großen Lebhaftigkeit
ihrer Empfindungen und Einbildungskraft; theils
in der erstaunlichen Reizbarkeit ihres Nervenge-
bäudes; theils und vornehmlich auch darin, daß
die Weiber für große Gegenstände des menschlichen Wissens sollten ein warmes Interesse füh-

ffralen, daß bei ihnen und für sie der erste neue, frappante Eindruck gewöhnlich alles ist, daß sie so schwer den richtigen Gesichtspunct eines scientifischen Gegenstandes fassen, und daß sie vornehmlich so sehr von dem Spiel schnell auf-einander folgender, angenehmer Empfindungen abhängen; die große Neigung der Weiber zu Vergnügungen überwiegt bei ihnen alles, was ernsthaftes und scharfsinniges Nachdenken ge-nennet werden kann. Alle wichtige mit Pe-netration geschriebene Bücher wollen nichts mehr sagen, wenn ein Alcibiades, ein Amadis, ein Oberon, eine neue Blumenlese erscheint. Alle Räder der häußlichen Oeconomie gerathen ins Stocken, wenn ein Amüsement die Dame aus dem Hause lockt, amüsirt zu werden ist ge-wöhnlich das erste und lezte Ziel ihrer Wünsche und der Mittelpunct, um den sich fast die ganze Existenz des Weibes dreht.

Mit jener Gedankenflüchtigkeit der Wei-ber, woraus sich wieder die notorische Liebe des andern Geschlechts zur Plauderei erklären ließe, ist denn auch sehr natürlicher Weise die sicht-bare Langeweile verbunden, die die Weiber so leicht bei Untersuchung wissenschaftlicher Gegen-

stände

ſtände empfinden, und die ſie durch alle Affecta-
tion von Intereſſe, durch hohe Protection, die
ſie dem Autor verſprechen, durch alles Schreiben, Leſen und Reden über dergleichen Gegenſtände nicht verbergen können. Wiſſenſchaften
können gemeiniglich das andre Geſchlecht nicht
amüſiren, weil es keinen Drang, keinen Durſt
nach durchdachten Wahrheiten fühlt, und dieſer Drang, dieſer Durſt, der uns Männern
eigenthümlich zu ſeyn ſcheint, fehlt ihm deswegen, weil es von Natur mehr **neugierig**, als
wißbegierig iſt, weil es mehr für den gegenwärtigen Augenblick mit einigen neuen, auffallenden, phantaſiereichen Ideen unterhalten ſeyn
will, und weil es die dornigten Pfade ſcheuet,
die zum Gipfel der Wahrheit führen. Der
Eckel lauſcht gleichſam immer im Hintergrunde
ſeiner Gedanken, ſobald es fürchtet, daß die
Seele zu lange auf einen Gegenſtand gerichtet
werden ſoll. Anfangs wird er zwar vielleicht
mit aller Wärme, mit allem Feuer einer
Ideenlebhaftigkeit ergriffen, mit recht vieler
Application verfolgt; aber ihr ſeht in der andern Stunde das Weib bey der ernſten Unterſuchung ſchon wieder jähnen, die erſten Blät-
ter

ter des scharfsinnigen Buchs werden studiert,
man schwärmt für den Verfasser; morgen ist's
ein langweiliger finstrer Kopf; wehe ihm,
wenn seine Suade die weibliche Phantasie nicht
mit sich fortreißt, wenn die Schönheit der Pe-
rioden und der Diction nicht seine Fürsprecherinn
bei der lesenden Weiberwelt ist!

„Doch wozu dieß weitläuftige Raisonne-
ment, höre ich Sie sprechen, geliebter Freund,
habt ihr vergessen, daß der Verfasser zur Bestätigung seiner Meinung Documente anführt,
die alles auf einmahl widerlegen, was ihr gegen ihn gesagt habt, selbstredende, lautredende,
— lebendige Documente, die vor jedermanns
Augen stehen, die mit der größten Klarheit beweisen, daß dem weiblichen Geschlechte ein
vollkommen gleiches Maaß von Geistesfähigkeiten mit uns — wo ein nicht noch größeres,
als uns — zugetheilet sey, — und die Documente dieser Documente?“ Gut! mein Freund,
ich sehe das Heer unsrer Schriftstellerinnen
mit ihren unsterblichen Werken auf einmahl
vor mir, und höre ihren Defensor also reden:
„Ich muß bemerken, daß es ein ganz falscher
Schluß ist, wenn man denkt: darum weil kein

C 4   Frauens-

Frauenzimmer sich in irgend einem Fache zu
dem Grade emporgeschwungen hat, worauf in
jedem derselben die ersten unter den Männern
stehen; so hindert sie die natürliche Anlage daran, so ist ihre Seele (welchem Wesen man
auch diesen Namen beylegen mag) der männlichen an Kräften untergeordnet. Wenn man
die geringe Anzahl von Weibern bedenkt, die
sich auf einzelne Fächer des menschlichen Wiß-
sens gelegt, und doch auch zugleich, daß sich einige sehr darin hervorgethan haben; so sehe
ich nicht ein, wie man daraus auf eine größere
natürliche Unfähigkeit schließen wollte, weil sich
unter der ungeheuren Anzahl von Männern
einige finden, deren Stärke sie doch nicht haben
erreichen können. Folgende Bemerkung wird
das Fehlerhafte und Vorurtheilsvolle in diesem
Schlusse noch besser ans Licht stellen. Man
kann nehmlich gar nicht behaupten, daß sich
unter den Weibern die Fähigsten aus eignem
freien Triebe auf diese oder jene Wissenschaft
gelegt haben. Der Sporn zu diesem Triebe
fehlt gänzlich. Also haben sich nur immer dies
jenigen einem Zweige des menschlichen Wissens
ergeben, die durch eine zufällige Veranlassung

Ge-

Gelegenheit dazu erhalten haben. Sie konnten nicht unter allen Wissenschaften die wählen,
worauf sie ein eigener und besonderer Trieb
hinwieß. Denn ein solcher Trieb findet bei
ihnen keine Veranlassung, sondern sie mußten
die ergreifen, die ihnen das Schicksal grade in
den Weg legte. Die meisten lernten, was
ihr Vater gerade wußte, oder ihnen zu lernen
Anlaß gab. Wenn aber auch einige von selbst
auf den Gedanken gekommen sind, sich irgend
einen Theil des menschlichen Wissens eigen zu
machen; so haben sie dabei mit tausend Schwierigkeiten kämpfen müssen" und Seite 31 sagt
unser Verfasser: „es liesse sich wahrlich ein
hübsches Werk von den Verfolgungen, von den
traurigen oder verdrüßlichen Begegnungen
schreiben, welche gelehrte Weiber haben aushalten müssen."

Man sieht aus alle diesem offenbar, daß
unser Verfasser mit seinem von gelehrten Weibern hergenommenen Beweise nicht weit aus-
zulangen geglaubt hat, und lenkt daher in der
angeführten Stelle auf eine Art wieder ein, die
den gelehrten Weibern selbst nicht ganz will-

kom-

kommen seyn dürfte.   Woher weiß er denn,
daß sich nicht grade die Fähigsten auf diese und
jene Wissenschaft gelegt haben, daß sie durch
keinen freien Antrieb dazu angespornt wurden,
daß sie erst durch die Pedanterie eines Vaters
zu den Wissenschaften gezwungen wurden? Wer
kennt denn die Geschichte unsrer zahlreichen
Schriftstellerinnen so genau, wer darf es wagen,
dem Publico ins Gesicht zu sagen, daß die Eitelkeit der meisten sie nicht zu den Wissenschaften hingetrieben habe, und daß dieser Sporn
auf sie oft so stark als auf uns die Begierde
zu einem Amte gewürkt haben könne? Wer
nicht weiß, daß eben jene Triebfeder bei dem
andern Geschlechte alles vermag, daß sie vornehmlich in unsern Zeiten der Grund von der
überall hervorleuchtenden Vielwisserei unter
den Weibern ist, und daß wieder diese Vielwisserei vornehmlich so sehr von denen gesucht
wird — aus einer bekannten Verstandseitelkeit
gesucht wird, die auf körperliche Reize keine
Ansprüche machen können, der ist mit der innern Natur weiblicher Empfindungen und
Handlungstriebe unbekannt.   Gesetzt aber
auch, daß sich unsre gelehrten Weiber, wie der
Ver-

Verfasser meint, nicht aus freiem willkührlichen
Entschluß den Wissenschaften widmeten, was
ihm doch die, wenigsten hochgelehrten Damen
zugestehen werden; so folgt doch wieder nichts
Allgemeines daraus, da es überall eine große
Menge Menschen giebt, die anfangs mit Zwang
ein gewisses scientifisches Fach ergriffen, und
hinterher sehr große Fortschritte darin machten,
wenn sie ihm erst einen Geschmack abgewonnen
hatten. Die Verfolgungen, welche gelehrte
Weiber nach der Meinung unsres Verfassers
auszustehn haben, und die also ein so großes
Hinderniß ihrer höhern Geistesausbildung seyn
sollen, sind wahrlich von keiner Bedeutung. Es
werden nicht leicht einem Menschen größere
Complimente und Schmeicheleien gesagt, als
einem gelehrten Weibe, wenn sie mit ihren
Kenntnissen Bescheidenheit verbindet. Welche
Triumphe haben nicht in neuern Zeiten mehrere dieser Damen in und ausser Deütschland
gehalten! Man ist ihnen wie seltenen Wun-
derthieren nachgelaufen, und nachgereist, man
hat sich schaarenweise zu ihnen hinzugedrängt,
man hat ihre Verdienste vielleicht im Stillen be-
lacht, aber man hat sie dennoch laut ausposaunt.

Auch

Auch die mittelmäßigsten Geistesproducte gelehrter Weiber, werden fast durchgehends, wenn sie nicht gar höchlich gerühmt werden, doch mit größter Schonung behandelt. Die Recensenten gehen bei ihren Beurtheilungen doch immer von der Regel aus, daß man gegen die Damen tolerant seyn müsse, und gehen sie von dieser Regel ab; so hält man sie für Menschen ohne Galanterie. Unbeschreiblich ist's vollends, wie sehr den gelehrten Damen in ihren Familiencirkeln von Männern die Cour gemacht wird, und welchen Weihrauch ihnen ihre Correspondenten streuen, — eine Schadloshaltung, die sie gemeiniglich gegen alles Naserümpfen ihrer ungelehrten Schwestern gleichgültig macht. — Dieß sind die schrecklichen Verfolgungen, die die gelehrten Weiber auszustehn haben, und wovon man ein hübsches Werk schreiben könnte; dieß sind die tausendfachen Schwierigkeiten, womit sie bei ihrer Neigung zu den Wissenschaften zu kämpfen haben! — Doch meine Episode wäre beinahe zu lang geworden, wir müssen zu den schriftstellerischen Arbeiten unsrer gelehrten Weiber zurückkommen, um dem Verfasser ein

Hauptdocument aus den Händen zu winden, das er zur Bestätigung seiner Meinung angeführt hat.

Wenn wir das ganze Corps unsrer sogenannten gelehrten Weiber die Revüe passiren lassen, und sie als Schriftstellerinnen in Reih und Glied stellen; so scheinen sie denn nun freilich wohl dem ersten Anschein nach von der Regel eine Ausnahme zu machen. Wir glauben auf einmahl eine Menge weiblicher Geschöpfe vor uns zu sehen, die es uns Männern an Liebe zu den Wissenschaften, an höherer Ausbildung und Entwickelung ihrer Geisteskräfte und an scharfsinniger Untersuchungskraft wenigstens gleich gethan haben. — Wir sehen ihre Schriften vor uns liegen. — Allein hier stehen wir grade an dem Ziele der ganzen Entscheidung. Unser Verfasser hat die Weiber, welche sich in einzelnen Fächern des menschlichen Wissens sehr hervorgethan haben sollen, nicht genannt, er hat kein einziges Meisterstück, das aus der Feder eines Weibes geflossen, angeführt, und er läßt mir daher das Recht zu fragen, welches denn nun eigentlich die Meisterstücke des

Geis

Geiſtes ſind, die uns ſeine Heldinnen der
Gelehrſamkeit geliefert haben? — Denn
hier kann man ſie doch wohl nur allein nach
ihren Schriften beurtheilen, weil wir von
den Verſtandsfähigkeiten aller ohnmöglich Au-
genzeugen ſeyn können. — — Vorausgeſetzt,
daß unſere deutſchen Schriftſtellerinnen, zu
welcher Claſſe ſie auch gehören mögen, ihre
Arbeiten nicht haben von beſſern Köpfen
durchcorrigiren, von ihren Schlacken reinigen
und ſäubern und in eine richtige Ideenfolge
bringen laſſen, vorausgeſetzt, daß ſie nicht die
Werke anderer ausſchrieben, und ihnen nur
ein anderes Kleid gaben, — alſo vorausgeſetzt,
daß ſie die würklichen, alleinigen Verfaſſerin-
nen der vor unſern Augen liegenden Schriften
waren; ſo können wir nach dieſen Schriften
ſelbſt zu urtheilen, und wenn wir nicht ſchmei-
cheln wollen, von der längſt bekannten Wahrheit
nicht abgehen, daß nehmlich die Weiber im
ſchriftſtelleriſchen Fache nichts, als ſehr mit-
telmäßige Sachen geliefert haben, derjenigen,
und zwar ſehr vielen, vielleicht der meiſten,
ihrer Schriften nicht zu gedenken, die unter
aller Critic ſind. Ich will nicht im Allge-
mei-

meinen reden, damit ich nicht den Vorwurf
einer Unbilligkeit auf mich lade, ich will die
Schriften unsrer Romanschreiberinnen, Dichterinnen und der großen Anzahl derjenigen
nach ihren Characterzügen darstellen, die so
genannte vermischte Schriften herausgegeben
haben. Das Publicum, welches sich hiebei
von keiner Neigung zur Schmeichelei hinreis-
sen läßt, mag urtheilen, ob ich Recht habe,
oder nicht. In den Romanen, welche
Weiber geschrieben haben, ist keine richtige
Haltung, keine psychologische Darstellung und
Entwickelung der Charactere anzutreffen, keine
große, durchdringende, fortgeführte Folge von
tiefer Menschenkenntniß, kein meisterhafter
Plan, nach welchen sich die Begebenheiten
auf eine frappante Herz und Geist nährende
Art entfalten, kein philosophisches Studium
der Triebfedern, durch die ein buntes Gemisch
heterogener Theile in ein harmonisches Ganze
gebracht wird, kein origineller, nicht bloß muth-
williger, sondern scharfsinniger Witz, keine
Stellung der Begriffe und Begebenheiten,
woraus man eine unermüdete, immer gleiche
und doch immer neue Application der Ver-
fas-

fafferinn auf den Hauptgegenstand erſehen und zur Nachahmung empfehlen könnte. Alles ſchmeckt in den Romanen der Weiber nach ihrer eingeſchränkten Erziehungsſtube, nach dem engen Kreiſe von Ideen, die ſie ſich von uns Männern erwerben konnten, nach der geringen Weltkenntniß, nach dem Mangel an wiſſenſchaftlichen Kenntniſſen, die den Damen nun einmahl fehlen. Neue, ſelbſterfundene, große Darſtellungen ſucht ihr in jenen Romanen vergebens. Das Gefühl des Weibes kann zwar zu einem Enthuſiasmus, zu einer Wärme gelangen, die vielleicht uns Männern nicht möglich iſt, aber es kann ſich zu keinen originellen, tiefgedachten und fein verwebten Ideen emporſchwingen, wenn nicht anders der Geiſt von Liebesintriguen, den wir in allen jenen Romanen abgedruckt finden, das Gegentheil beweiſt. Aber grade dieſer Ton, dieſe Liebeshändel, um welche ſich die weibliche Phantaſie dreht, machen den Inhalt der meiſten von Damen geſchriebenen Romane fade und ungenießbar, weil ihre Helden und Heldinnen faſt nichts thun, als ſchmachten, und in verliebten Convulſionen dahinwelken

an-

anstatt daß sie die Liebe zu großen Thaten be-
seelen, und den Geist derselben zu einer unge-
wöhnlichen Höhe des Denkens und Empfin-
dens geschickt machen sollte. Zu allen diesen
Gebrechen jener Romane gesellt sich noch gemeiniglich eine Uncorrektheit der Gedanken
und des Styls, und eine Weitschweifigkeit
und Mattigkeit im Erzählen, daß am Ende
auch der schlaflofeste Leser einschlafen muß.
Mit kleinen, unbedeutenden Umständen, mit
langweiligen Schilderungen einer schönen Ge-
gend, eines lieblichen Frühlingsmorgens, einer
mondhellen Nacht werden ganze Seiten ange-
füllt, — ein Hochzeittag füllt ganze Capitel.
Freilich, lieber Freund, sind die meisten Romane der Männer nicht viel besser, oder wohl
gar noch schlechter, als jene, wer kennt nicht
leider! so viele Meisterstücke von Unsinn in
dieser Art, wen eckelt nicht vor diesen losen
Speisen; aber — habeant sibi — wenn diese
kraft- und genielofen Romanmacher wie Weiber schreiben! —

Ich komme zu einer andern Legion der
weiblichen Schriftsteller, — zu unsern Dichterinnen. Seitdem das leidige Bücherlesen

D   unter

unter den Damen so sehr Mode geworden ist,
und ein zahlloses Heer von Dichterlingen diese
Neigung immer wieder von neuem gekizelt hat,
seitdem ist auch vornehmlich das Dichten und
Versmachen bei dem andern Geschlecht so sehr
in Schwung gekommen. In großen und klei=
nen Städten verdirbt jezt ein großer Theil
von Weibern und Mädchen seine Zeit nicht
nur mit Lesen und Auswendiglernen poetischen
Klingklangs, sondern die Zahl derer, welche
sogar Verse machen, wird täglich größer. —
Doch Sie wollen nicht grade etwas von der
Menge unserer Dichterinnen hören, ich soll
Ihnen den Character jener dichterischen Arbei=
ten schildern, womit wir von Messe zu Messe
heimgesucht werden. Sie sind selbst ein
Freund der lieblichsten der Musen, — sagen
Sie mir, ob ich in folgender Schilderung
weiblicher Gedichte unbillig gewesen bin. Die
Melodie des Reimes ist gemeiniglich noch das
Beste an der ungeheuren Menge von Gedich=
ten, die wir den Weibern zu verdanken haben.
Gedankenfülle, große, erhabene, originelle
Darstellungen von Characteren, meisterhafte
Schilderungen, meisterhafter Scenen, hohen

Schwung

Schwung der Imagination und Geisteskraft, wahre poetische Energie und Originalität, wahre, dichterische, große Gefühle erweckende und nährende Begeisterung, wahren durch ein poetisches Ganze herrschenden, unaffectirten, lichtvollen Wiz, Stellen, die wegen ihrer Er= findung, ihrer Schönheit, ihrer poetischen Vollkommenheit Anspruch an Unsterblichkeit machen können, findet man in jenen Gedichten gar nicht, oder doch höchst selten. Fast alles ist nur Versuch, Nachahmung, gereimte Prosa, vor dem heroischen Gedicht bebt die Muse der Weiber furchtsam zurück, sie sinkt hier schon wieder, wenn sie kaum zu steigen anfing; kleine Liederchen glücken ihr noch am besten, und die poetische Epistel, weil es den Weibern in dieser sehr leicht wird, sich in einen vertrauli= chen Ton hineinzustimmen, und weil das Große und Erhabene darin nicht gesucht wird. Untersucht man die Arbeiten unserer Dichterin= nen noch genauer, so findet man leicht, daß die meisten aus andern Gedichten eigentlich nur zusammengestoppelt sind. Es sind adoptirte, nicht selbst geborne Kinder. Der Umhang, die Bekleidung ist nur bisweilen etwas anders,

die

die Gedanken sind selten neu; das Bunte, Leichte, Gefällige, Sanfte und Religiöse ist der weiblichen Muse eigen, nicht das Große und Erhabene, nicht das Talent, ein poetisches, viel umfassendes Ganze auszuarbeiten, nicht der hohe, gedankenvolle, begeisterte Schwung der Ode, — ob ich gleich gern gestehe, daß hierin die Karschin vor allen Andern eine Aus=nahme macht, die um so merkwürdiger ist, da dieses im eigentlichen Verstande poetische Weib, in einem höchst niedern Stande geboren, und nach mühe= und kummervoll durchlebten Ju=gendjahren, durch die wunderbare Kraft ihres Genies auf einmal wie eine hellleuchtende Sonne am Horizont der Literatur emporstieg, und alle ihre poetischen Schwestern der Vor=welt weit hinter sich zurückließ. —

Von der großen Anzahl derjenigen schrift=stellerischen Weiber, die sich durch **vermischte Schriften**, kleine prosaische Erzählungen und Aufsätze, moralische Briefe und Schilderun=gen, religiöse Betrachtungen, und andere der=gleichen Sächelchen haben bekannt machen wollen, gilt zum Theil das nemliche, was ich

von

von den Romanschreiberinnen und Dichterinnen im Allgemeinen gesagt habe. Man nenne
mir von jenen eine einzige, die nicht nachgebe-
tet, nicht nachcopirt hätte, eine einzige, die
man als ein Original des Styls und der Diction aufstellen könnte, eine einzige, die große,
neue Ideen vorträgt, die nicht affectirt, nicht
schwazt, nicht weitschweifig oder schwülstig
wird, wenn der Gegenstand der Untersuchung
lange Anstrengung kostet, — eine einzige, von
der man ohne Schmeichelei sagen kann, daß
sie eine würkliche von aller Schwärmerei und
Empfindsamkeit entfernte helle Selbstdenkerinn
sei. Ich kann also diese Classe von gelehrten
Weibern füglich übergehen, und nur noch ein
Wort von unsern philologischen Damen! —
Nichts fodert weniger eigentliche Geisteskraft,
eigenes scharfsinniges Denken und Erfinden,
als bloße sogenannte Sprachkenntnisse. Die
armseligsten Köpfe, in denen kein Funken von
Genie, von philosophischer Denkkraft, von
durchdringendem Scharfsinn anzutreffen ist,
haben durch einen eisernen Fleiß, durch ein
eisernes Gedächtniß in Sprachkenntnissen oft
die größten Fortschritte gemacht, und haben

D 3   eine

eine ungewöhnliche Belesenheit in den Alten gezeigt. Man nennt dieß gemeiniglich Gelehrsamkeit; aber ich möchte es nie Penetration des Geistes und Verstandskraft nennen, und ich kann mir daher sehr wohl ein Weib denken, das griechisch und lateinisch versteht, und in mehrern neuern Sprachen bewandert ist, und das dennoch lange noch keinen Beweis abgeben kann, daß der weibliche Geist sich in den Geschäften des Denkens eben so hoch emporschwingen könne, als der männliche. — Ausserdem daß dergleichen sprachgelehrte Weiber würklich sehr selten sind, kann man fast durchgehends annehmen, daß sie ihre Sprachen nur mittelmäßig und selten critisch verstehen. In Absicht der neuern Sprachen sind sie gemeiniglich zufrieden, wenn sie dieselben im Fall der Noth sprechen können, um das eigentliche Studium der Sprache bekümmern sie sich nicht, sie sprechen sie bloß, um zu brilliren; den Geist, die Feinheiten und Eigenthümlichkeiten einer Sprache kennen sie selten. Ich behaupte, daß die meisten unsrer Damen, die in mehrern Zungen reden, von den leichtesten Regeln der Grammatik keinen Grund

angeben können; eine Behauptung, die ich so‐
gar auf unsre Ueberseßerinnen auszudehnen
wage, weil sie fast alle sehr schlecht übersezt
haben, und sehr schlecht übersezen — ist keine
Kunst!

Vierter Brief.

Ehe ich weiter gehe, theurester Freund, erlauben Sie mir, daß ich vorher hier etwas stillstehen darf, um noch einmal den unrichtigen Folgerungen vorzubeugen, die man leicht aus allem Vorhergehenden ziehen könnte. Ich habe durch meine Behauptungen, daß der weibliche Verstand sich nicht zu der Höhe des Denkens und Erfindens, nicht zu der feinen Penetration und Zergliederung tiefer Wahrheiten, wie der männliche, emporheben könne, den Werth und die Geistesfähigkeiten der Weiber nicht herabsetzen wollen, — ich kenne eine Menge derselben, die sich durch die liebenswürdigste Ausbildung des Geistes und Herzens, durch einen hellsehenden, gradedenkenden, unverschrobenen Verstand, durch die unnachahmlichste Naivität des Witzes und der Urtheilskraft vor vielen hundert noch so gelehrten Männern auszeichnen; — Meine Absicht ging blos dahin, um zu zeigen, daß die Natur aus sehr weisen Absichten das Weib im

Allge-

Allgemeinen nicht so weit habe kommen lassen
wollen, als den Mann, daß sich dieses schon
aus der Bauart ihres Körpers, aus der Anatomie des weiblichen Verstandes und aus andern Hindernissen ergebe, die in der und nach
der einmal gemachten Einrichtung der menschlichen Gesellschaft dem Weibe zu seiner eben
so hohen und geistigen Ausbildung im Wege
stünden.   Jezt werde ich zeigen, daß das andere Geschlecht zu der Stelle, worauf es in der
Reihe vernünftiger Wesen stehen soll, von der
Natur selbst die paßlichsten, liebenswürdigsten
und glücklichsten Talente empfangen habe.
Daß diese, ohne grade dem männlichen Verstande nachfliegen zu können, sein größter
Stolz und höchstes Verdienst sind, und seyn
müssen, und daß in der Entwickelung dieser
Talente, in der klugen und ehrlichen Anwen-
dung derselben auf die Summe weiblicher
Pflichten der Grund zu den festesten und seligsten Banden der menschlichen Gesellschaft, so
wie vorzüglich zu einer bleibenden, ungekränk-
ten häuslichen Glückseligkeit und einer vernünftigen Kinderzucht liege. —

Das Weib sollte nach den Absichten der Natur mehr liebenswürdig und klug, als scharfsinnig und tiefdenkend seyn. Durch die Sanftheit seiner Gefühle, durch den Reiz seines Umgangs, durch die Herzlichkeit seiner Liebe, und durch das Feuer seiner Zärtlichkeit sollte es den Mann in seiner größern Bestimmung glücklich machen, aufheitern, unterhalten, leiten und bessern; — nicht durch wissenschaftliche Kenntnisse unterrichten, und ihn in seiner Geistesthätigkeit vorgreifen. Zu seinen Verhältnissen, zu seinen Geschäften und Situationen hatte es nicht das Maas von Seelenkräften und die Geistesanstrengung nöthig, die der Mann zu seiner Bestimmung nöthig hat, wenn er den Entzweck seines Daseyns gehörig erfüllen will. Die Natur gab dem andern Geschlechte nur so viel Talente, als zu seiner Bestimmung erfoderlich waren, — es sollte und kann hiebei mit einer Portion gesunden Menschenverstandes auslangen, und diese ist ihm in nicht geringen Grade zugetheilt worden. Da dieser gesunde Menschenverstand bei den Weibern nicht durch eine Menge scientifischer Begriffe in seiner freiern Ausbildung gehemmt,

hemmt, nicht durch den eisernen Zwang der
Schulstudien verschroben worden ist; so sehen
die Weiber in unzählig vielen einzelnen Fällen
des menschlichen Lebens richtiger und heller,
als die meisten Männer, und wissen vermöge
der Biegsamkeit ihrer Gefühle und einer be-
ständigen Aufsicht auf alle ihre Handlungen, sich
leichter darin zu finden, als wir. Hierin werden sie oft unsre besten Lehrerinnen und Raths-
geberinnen. Ihre Vorsicht, ihre Behutsamkeit, ihr Mißtrauen selbst stellte sich so oft der
zu kühnen, zu leidenschaftlichen Entschlossenheit des Mannes entgegen, und rettete ihn
von seinem Untergange. Man sagt insgemein:
es gebräche den Weibern an Muth, — es
kann seyn; aber dagegen wissen sie durch künst-
liche Mittel, durch fein angelegte Plane, durch
ein schlaues Abwarten des rechten Zeitpuncts,
durch ein glückliches Talent, unvermerkt die
Herzen der Menschen zu gewinnen, und sie
für sich zu interessiren viel leichter, als durch
Hitze und Ungestüm ihre Absichten zu erreichen. Die Schwächen der Männer, die Stunden und Crisen ihrer Launen, wissen die Weiber
ganz vortreflich zur Erreichung ihrer Plane zu
nutzen.

nutzen. Sie beherrschen uns alle nach hundert verschiedenen Methoden; der Despot im
Ehestande steht so gut unter ihrem Zepter, als
der verliebte Geck. — Sie erhalten auf die
feinste Art in uns den Wahn von Männer-
freiheit, — und grade durch diesen Wahn können sie am Ende mit uns machen, was sie
wollen. Sie würden durch strengere Mittel
ihre ganze Herrschaft verlieren, sie würden den
männlichen Troz eher reizen, als brechen, sie
müssen daher gemeiniglich die Fäden verstecken,
an denen sie uns leiten; aber sie leiten uns
grade dadurch desto sichrer und länger; wir
werden gleichsam durch eine unsichtbare Hand
geführt; wir gehorchen, anstatt daß wir zu
befehlen glauben; wir glauben der Natur der
Umstände nachgeben zu müssen, ohne daß wir
die Einleitung dieser Umstände einem weiblichen Plane zutrauen. — Es würde übrigens
mit uns Männern oft sehr schlecht aussehen,
wenn nicht oft ein kluges Weib uns samt allen
unsern Fehlern und Schwächen gegen unsre
Feinde in Schutz nähme. — Der weibliche
gesunde Menschenverstand zeigt sich von noch
viel mehrern treflichen Seiten. Ausser, daß

er

er die Weiber äußerst vorsichtig, auf die Erhaltung ihrer Würde aufmerksam und zur
Ausführung der gescheidtesten Plane geschickt
macht, verfeinert er auch ihre sittlichen Gefühle und ihren Geschmack an dem, was wahr-
haftig schön und edel ist. Ueber einzelne Gegenstände dieser Art raisonnirt das gebildete
Weib gemeiniglich ganz vortreflich, wenn seine
Gefühle nicht in einen zu lebhaften Enthusiasmus auflodern, wenn sich Empfindelei und
Eigendünkel nicht ins Spiel mischt. Wie
innig und tief fühlt nicht das weibliche Herz
das Edle und Große an Handlungen und mo-
ralischen Empfindungen, wie liebenswürdig weiß
es nicht, sich danach zu bilden, wie richtig
entscheidet nicht oft der weibliche gesunde Menschenverstand über die Grenzen der Gerechtigkeit, der Freundschaft und des sittlichen
Werths einzelner Menschen! wie blizschnell
und leicht faßt er nicht oft den einzig richtigen
Gesichtspunct eines practischen Gegenstandes,
und wie tief dringt er nicht gleichsam durch
eine mißtrauische Vorausahndung, durch eine
schnelle Vergleichung kleiner Umstände, die dem
Auge des Mannes entwischen, durch ein ruhi-

ges

ges Abwägen des Einflusses, den die menschlichen Schwächen auf alle Begebenheiten des
menschlichen Lebens haben, in die verborgen-
sten Falten der menschlichen Herzen ein! Weil
durch Unvorsichtigkeit und Uebereilung sich ein
Weib Zeitlebens um ihre Ehre, Ruhe und ihr
Glück bringen kann, weil es gegen sein eigenes
Geschlecht so wohl, als gegen das unsre tausend engere Rücksichten zu beobachten hat,
worüber die Männer nicht eben so ängstlich
zu wachen haben, und weil es als der schwächere Theil der menschlichen Gesellschaft ohne
List und Schlauheit nicht weit kommen würde;
so sieht es sich genöthigt, gleichsam immer für
sich selbst auf der Schildwacht zu stehen, und
sich eine Beobachtungsgabe zu erwerben, die
es in dem Besitz seiner Rechte sichert, und
ihm einen ruhigen Pfad durchs Leben bahnt.
Zu diesem Behuf hat ihm die Natur nicht nur
Klugheit, sondern auch das Talent des Witzes
gegeben. Das Lächerliche fällt dem weiblichen Auge fast immer zuerst an Handlungen
und Personen auf, und wenn man erst das
Lächerliche an denselben kennt; so hat man
gemeiniglich den Schlüssel zu dem ganzen
Mens-

Menschen. — Die Klugheit des Lebens ge-
bietet dem Weibe vornemlich, die Schwächen
anderer zu studieren. Scheiterte diese würklich schäzbare Eigenschaft der Weiber nicht so
oft an den Klippen der Liebe; hätten sie sich
mehr in ihrer Gewalt, wenn sie für irgend
einen Gegenstand eingenommen sind, liessen
sie sich weniger von dem Geiste der Rechtha-
berei und der Schwazhaftigkeit beherrschen,
opferten sie derselben nicht so oft grade die
Augenblicke auf, wo unser Herz eine innige
Hochachtung für sie zu empfinden anfing, und
besäßen sie überhaupt mehr Standhaftigkeit,
mehr hohes und unverfälschtes Gefühl ihres
eigenen Werths, und dabei wenigern Muth-
willen, wenigern Kitzel zu glänzen, weniger
Schadenfreude und weniger Biegsamkeit der
Empfindungen; so könnten sie für uns Männer gewiß die besten Gesezgeberinnen jeder
Klugheit des practischen Lebens seyn, so wie sie
es jezt schon bald mehr bald weniger für tausend schwache Köpfe sind. — Mag doch immer etwas angeborne, oder aus Erfahrungen
herrührende Furchtsamkeit, oder auch eine aus
dem Gefühl von Schwäche entspringende List
vielen

vielen Antheil an dieser weiblichen Klugheit
haben, — genug es ist und bleibt eine der
schäzbarsten Seiten des andern Geschlechts,
und wenn sie durch eine gute Erziehung verfeinert worden ist, das beste Heiratsgut, das
eine Frau ihrem Manne zubringen kann.
Vermöge dieser Lebensklugheit bringen es daher
auch die Weiber oft so weit, und führen ihre
Entwürfe so glaublich aus, daß man darüber
zu erstaunen Ursach hat. Die Männer, da sie
jene Klugheit selten in dem nemlichen Maaße
besitzen, wollen gewöhnlich ihre Absichten mit
Gewalt durchsetzen, alles soll sich vor ihrem
Egoismus beugen, die Welt soll sich mehr
nach ihnen richten als sie sich nach der Welt
richten wollen, sie wollen das ertrotzen, warum sie bitten sollten, aus Respect gegen ihren
Verstand soll man ihnen immer wenigstens
auf dem halben Wege entgegen kommen, soll
ihren — vielleicht nur eingebildeten Verdiensten immer Gerechtigkeit wiederfahren lassen,
— ihrem Ehrgeiz soll sich nichts widersetzen,
ihr Eigenwille soll gleichsam das Schwerdt
vor ihnen hertragen, — und was gewinnen
wir Männer durch diesen Troz, durch diesen
unvor-

unvorsichtigen Egoismuß — was gewinnen
wir durch unser gnädiges Herabblicken auf
Menschen, die uns schaden können, durch
unsere nichts weniger als auf der Schale der
Vorsichtigkeit abgewogenen Urtheile, durch
das Auskramen unsrer Verdienste, durch die
stolze Vernachlässigung solcher Menschen, die
einen Theil unsers Schicksals in ihren Händen
haben, durch den dictatorischen, ungefälligen
Ton in unsern Behauptungen, durch den vor-
eiligen Ungestüm unsres Zorns und unsrer
Launen, — was gewinnen wir dadurch? —
wir machen uns Feinde, verriegeln uns oft
dadurch Zeitlebens den Weg zu unserm Glück,
schärfen die Schwerdter unsrer Nebenbuhler,
machen uns lächerlich und arbeiten selbst an
den Ruin unsrer Familien und unsrer Ruhe.
— Viel gescheidter und vorsichtiger handeln
gemeiniglich die Weiber. Ihre Schritte und
Plane sind behutsamer, sie wissen sich besser in
ihre Rollen zu schicken, geben eher zur rechten
Zeit nach, weichen vorsichtiger der Gelegenheit
zu Beleidigungen aus, und sind geneigter,
einen begangenen Fehler wieder gut zu machen, anstatt daß wir uns so schwer überre-

E   den

den können, daß wir etwas gut zu machen haben.

Ehe ich diesen Brief schließe, will ich noch auf einen Gegenstand kommen, den man dem andern Geschlecht vornemlich als einen Beweiß seiner vorzüglichen Geistesstärke anges rechnet hat, und die auch unser Verfasser nicht übergeht, — ich meine die Geduld der Weis ber in Leiden. Man rühmt ihre ruhige Faß sung in den Widerwärtigkeiten dieses Lebens, ihre stille Ertragung körperlicher Uebel, ihre standhafte Ergebung in den Willen der Vors sehung, und ihr sanftes, duldendes, uners schrockenes Benehmen bei so manchen Unbes quemlichkeiten und Lasten des Ehestandes. Alles sehr trefliche und liebenswürdige Eigens schaften des andern Geschlechts; die aber dems ohnerachtet den Weibern leichter, als uns werden, weil sie sich leichter durch die Gefühle der Andacht, auch wohl nur der Andächtelei zu beruhigen wissen, weil sie sonderlich im Ehestande wenigern Sorgen, als die Männer unterworfen sind, und weil sie würklich mehr, als wir Männer tragen können, indem ihre

Ges

Gefühle theils nicht immer so lebhaft, als die
unsrigen sind, theils auch deswegen, weil sie,
körperliche Schmerzen ausgenommen, doch immer einen großen Theil ihrer Lasten auf männliche Schultern wälzen. Den ersten Grund
führt auch in dieser Rücksicht der Verfasser
des Buchs über die Weiber an. — „Weil,
sagt er, ihre Fibern schlaffer sind, geringern
Widerstand leisten, tragen die Weiber geduldiger, als wir Männer anhaltende große
Schmerzen." „Welche gräßliche Philosophie!
ruft unser Autor bei dieser Stelle aus. Sollten wir darum, weil die Weiber geduldiger
leiden können, als wir, uns weniger um ihre
Schmerzen bekümmern? Sie noch durch eine
despotische Behandlung durch Beraubung aller
Linderungsmittel die sich dagegen finden ließen,
vergrößern?" Diese ganze Exclamation steht
hier am unrechten Orte, und ist eine Folgerung, die nur mit Zwang aus obigem Satz
gezogen werden kann. Mit keinem Buchsta-
ben sagt der Verfasser des Buchs über die
Weiber, daß man deshalb die Weiber despo-
tisch behandeln müsse, weil sie mehr, als wir
zu tragen im Stande wären. Hier ist die

E 2   ganze

ganze Stelle — und man urtheile, ob die Folgerung unsres Verfassers darin liegt. „Durch
Sanftheit, sagt der Verfasser des Buchs über
die Weiber, soll das Weib den Mann anziehen.
Zugleich gab ihr die Natur darum weniger
Stärke, darum sanftere Gefühle, weil ihre
Bestimmung war, zu dulden, mit Schmerzen
zu gebären. Aus eben der Ursache, aus welcher kränkliche Männer mit ungleich mehr
Fassung mit ungleich größerm Muthe, wie die
Starken, Gesunden, körperliche Leiden ertragen, weil ihre Fibern schon an Stärke verlo-
ren haben, schlaffer sind, geringern Widerstand
leisten, — aus eben dieser Ursache tragen die
Weiber geduldiger, als die Männer anhaltende große Schmerzen. Den ersten Grad des
Schmerzes abgerechnet, den sie stärker fühlen
müssen, weil ihre Empfindungen zarter sind,
ist es bekannt, daß sie die ärgsten Qualen, die
Tortur, besser aushalten wie wir. Der weibliche Heroismus soll sich im Dulden zeigen.
Mich wundert, daß unser Verfasser, da er einmal ins Folgern hineingerieth, in dieser Stelle
nicht eine noch sonderbarere Folgerung sah, —
daß man nemlich die Weiber auf die Tortur
brin-

bringen müsse, weil sie geduldiger, als wir
körperliche Schmerzen ertragen könnten. Doch
Scherz bei Seite, geliebter Freund, Ihr zar=
tes Gefühl für das andere Geschlecht, Ihre
herzliche und innige Theilnahme an den man=
nigfaltigen Leiden desselben sind redende Be=
weise Ihres edlen Characters. Die körperli=
chen Uebel, womit so viele Weiber Lebenslang
auf die schmerzlichste Art kämpfen müssen, und
die so oft erst mit ihrem Tode enden, verdie=
nen unser ganzes Mitleiden. Nur ein Barbar,
ein verhunztes, von den Rechten der Natur
ausgestoßenes, verabscheuungswürdiges Ge=
schöpf kann ein armes Weib ohne Rührung
leiden sehen, und zur Ehre der **allermeisten**
Männer sei es gesagt, daß wir durch nichts
leichter, inniger und herzlicher zur Theilnahme
gereizt werden, als durch die Leiden eines un=
glücklichen, unter der Last ihrer Schmerzen
niedergebeugten, Weibes. — Aber es bleibt
doch auch demohnerachtet kein ursprünglicher
Vorzug des andern Geschlechts vor dem un=
srigen, wenn es mit einer so heldenmäßigen
ausdaurenden Geduld leidet. Im Allgemeinen
ist der Satz schon an sich falsch, und obgleich

E 3

die,

die stillere, ruhigere Art des weiblichen Dul-
dens so oft mit der Ungeduld und dem Ungestüm des Mannes bei körperlichen Leiden einen
Contrast zu machen scheint; so wird doch ein
Jeder Weiber genug kennen, die gar nicht
gemacht sind, viel Schmerzen zu ertragen, die durch die kleinsten Widerwärtigkeiten Muth und Fassung verlieren, und deren
Ungestüm alsdann durch keine Trostgründe
gebändigt werden kann, und hingegen Männer
genug, die wie ein Fels in Ungewittern stehen,
die mit einer großen, aus sich selbst geschöpf-
ten, unüberwindlichen Standhaftigkeit ihr
Unglück tragen, die ihren Schmerz in ein
tiefes Stillschweigen vergraben, und hinterher
oft ihren Feinden mit einer Großmuth verzeihen, die wir höchst selten bei Weibern an-
treffen.

Ueberdem giebt es sehr viele Gründe,
warum das Weib bei seinen Leiden oft viel
ruhiger, als wir Männer bei den unsern,
seyn kann. So lange ein Frauenzimmer un-
verheirathet ist, und ihre Eltern noch leben,
steht es unter der Aufsicht und Verpflegung
der-

derselben. Vater und Mutter müssen für seine Erziehung, Kleidung und seinen Unterhalt sorgen, in dieser Epoche haben die Mädchen eigentlich fast keine andere Sorge als wo sie einen Mann herbekommen wollen, der die aufkeimenden Gefühle ihrer Liebe befriedigt und der nach dem Tode ihrer Eltern ihr Ernährer und Beschützer seyn kann. Von den Leiden der jungen Mädchen darf ich daher wohl nichts weiter sagen, — sie stehen auch dann immer noch unter einem männlichen Schuz und Schirm, wenn ihre Eltern nicht mehr leben, und sie genießen während dieses Zeitraums von Natur eine außerordentliche Sinnesheiterkeit und Gesundheit, wenn sie sich selbst nicht um dieses herrliche Lebensgut gebracht haben. — Also von den Leiden der verheiratheten Weiber wärs vornemlich die Rede! Aber auch diese können in ihrer Lage gemeiniglich ruhiger ihre Uebel ertragen, als wir Männer. Das verheirathete Weib steht wieder unter dem Schutze des Mannes, eigentlich liegen die Sorgen der Haushaltung allein auf ihm, durch seinen Kopf und seine Hände muß er sich und sein Weib ernähren,

von

von seinem Schweiße, oder von zufälligen
Glücksgütern unterhält er sich; sein Weib und
seine Familie. Freilich wird die Frau schmerzlichen Antheil daran nehmen, wenn es mit
dem Erwerbfleiß des Mannes nicht recht fort
will, wenn die Einnahmen nicht mehr mit den
Ausgaben in gehörigem Verhältnisse stehen,
wenn der Credit des Mannes sinkt, wenn die
Waarenpreise sehr hoch steigen, und der Hauss-
vater in Verlegenheit geräth; allein die Haupt-
last bleibt immer auf den Schultern des Mannes liegen. Er nahm ein Weib, und er muß
sie ernähren. Sehr wahr, sagen Sie, aber
es giebt noch mehrere Uebel in dem lieben
Eheslande, wobei das Weib viel mehr, als
der Mann auszustehen hat. — „Neun Mo-
natlang befindet sich das arme, schwangere
Weib in der allercritischten Lage von der Welt,
ist selten in diesem Zustande heitern Gemüths,
sieht einigen fürchterlichen Stunden des fürch-
terlichsten Schmerzens stets entgegen, und muß
wohl am Ende gar auf eine grausame Art an
einer unglücklichen Niederkunft ihr Leben
enden.‟ — Wenn Sie wollen, ich will Ihnen die Sache noch zehnmal fürchterlicher be-
schreu-

schreiben, als Sie thun lieber Freund, doch
nein! Verzeihen Sie mir, daß ich Ihre Be,
schreibung schon für etwas übertrieben halte.
Wenn die Natur gewollt hat, daß das Weib
Kinder gebären soll; so hat sie ihm gewiß
auch als eine so gütige Mutter, diese Last
leicht gemacht, und es für seine Schmerzen
durch andere Mittel und Wege schablos ge,
halten. Die meisten Weiber, die ihre Ge,
sundheit in frühern Jahren geschont haben,
die sich in ihren Schwangerschaften nicht
selbst auf eine unvorsichtige Weise verwahr,
losen, befinden sich in jenem Zustande sehr
wohl, sind heiter, freuen sich auf den lieben
kleinen Erben, und vergessen bey dieser uns
nennbaren überirdischen Freude die kleinen
Unbequemlichkeiten, die sie während dieser
Zeit für die vorigen süßen Umarmungen be,
zahlen müssen. Wie bald ist selbst die ge,
fahrvolle, schmerzliche Stunde der Nieder,
kunft vergessen! Eine erquickende, süße Ruhe,
ein unaussprechlich süßes Gefühl von Wohlbe,
hagen folgt auf den Kampf, der Anblick des
neugebornen Kindes ist für die Mutter eine
Augenweide, der nichts gleich kommt. Sie

E 5　　　　würde

würde für den neuen Erdbürger, für das liebe, holde Geſchöpf, das ſie unter ihrem Herzen trug, kein Königreich annehmen. — Und wären ihre Schmerzen noch tauſendmal heftiger geweſen, hätte ſie den Tod in noch fürchterlichern Geſtalten vor ſich geſehen; ſo wäre ſie doch gewiß vollkommen belohnt durch die Seligkeit, wozu die Sprache keine Worte hat, ihr Kind an den Buſen drücken zu können. Auslachen würde eine gute Mutter den Schriftſteller, der die folgenden Unannehmlich= keiten der Wochenſtube, den beſtändigen theil= nehmenden Umgang mit ihrem Lieblinge, die zärtliche Aufmerkſamkeit auf alles, was ihn angeht, die unterbrochene nächtliche Ruhe, um ihm ſeine Nahrung zu geben, für Qua= len des Eheſtandes halten wollte, die unſer Mitleiden verdienten. Was man gern thut, iſt keine Laſt; die mütterliche Liebe fühlt ſich nie glücklicher, als in der zärtlichen Sorgfalt für ihre Kinder. — Alſo auch von dieſer Seite ſind die Leiden der Weiber lange nicht ſo fürchterlich, als ſie unſer Verfaſſer ſchil= dert, und Viele würden für das Glück, eine zahlreiche Familie zu haben, — — wer weiß wie viel, hingeben!   Da

Da auf den Schultern des Mannes viel
größere Lasten liegen, da er der Ernährer und
Erhalter seiner Familie seyn muß, da seine
Verhältnisse mit andern Menschen ausgedehn-
ter und verwickelter sind, da sein Wirkungs-
kreiß und seine Pflichten in viel mehrere Fächer und Verbindungen des menschlichen Lebens, als die der Weiber eingreifen, und da
so sehr viel auf seinen öffentlichen Credit an-
kommt; so ists ganz natürlich, daß auch seine
Besorgnisse größer, und seine Rücksichten bei
widrigen Schicksalen ängstlicher, als die der
Weiber seyn müssen. Mit ihm liegt das
ganze Glück, die ganze Ruhe einer Familie
danieder. Seine Feinde sind ihm weit gefährlicher, als es die bitterste Medisance und Sa-
tyre auf sein Weib seyn kann; ihm, nicht seiner Frau kann ein Amt genommen werden, er,
nicht sie, verliert das Meiste durch die Krän-
kung seiner Ehre. Von den innern, verbisse-
nen Schmerz des Mannes, wenn seine Verdienste verkannt, wenn seine ehrlichen Absichten mit Undank belohnt werden, wenn seine
Plane scheitern, wenn unwürdige, unwissende,
schlechtdenkende Menschen über ihn erhoben wer-

werden, wenn er es bei allem ernstlichen
Bemühen, bei aller redlichen Anstrengung
nicht weiter bringen kann, weil ihm einige
Schurken im Wege stehen, wenn sich seine
Aussichten in die Zukunft immer mehr trü-
ben, ohne daß er sich einem Menschen hierüber entdecken kann, von diesem Gemüthslei-
den, die oft unendlich bitterer sind, als körperlicher Schmerz, weiß das Weib selten etwas, weil es in einer ganz andern Lage, als
wir Männer ist, und weil wir ihm doch lieber
nichts sagen, um ihm einen Gram des Herzens zu ersparen. Selbst bei körperlichen
Krankheiten muß der Mann oft unruhiger,
als das Weib werden, und man muß dies
nicht immer auf die Ungeduld, die unserm
Geschlecht vornemlich eigen seyn soll, schieben.
Wenn der Hausherr krank ist, so stocken in
vielen Familien fast alle Räder des Haushalts,
sein Amt wird vernachlässigt, seine Arbeiten
bleiben liegen, seine Entwürfe werden aufge-
schoben, oder wohl gar zerrüttet; anstatt vorwärts zu schreiten, schreitet er oft rückwärts,
und wird die Krankheit bedenklicher, sieht er
seinem Tode entgegen; so muß natürlicherweise

der

der bange Gedanke an seine zu hinterlaſſende
Witwe, an seine vaterloſen Waiſen ihn mit
neuen, unausſprechlichen Gemüthsunruhen
quälen. Aber dies alles zugegeben, fahren
Sie fort, zugegeben, daß wir Männer unter
viel mehreren Sorgen unſer Leben zubringen
müſſen als die Weiber; ſo läßt ſichs doch nicht
läugnen, daß dieſe oft unendlich viel durch ihre
ſchlechtdenkenden böſen Männer leiden. —
Daß es ſolche Unholde unter den Ehemännern
giebt, die die zärtlichſte Liebe ihrer Weiber
mit Kälte und Härte belohnen, die das Ver-
mögen ihrer Gattinnen an feile Dirnen ver-
ſchwenden, die die ganze Laſt des Haushalts
und der Erziehung auf die Schultern des armen Weibes wälzen, indem ſie ſelbſt auſſer
dem Hauſe ihren Vergnügungen nachgehen,
die mit unaufhörlichen finſtern Launen, und
mit einem närriſchem Eigenſinn jedes Gefühl
von Frohſeyn in dem Herzen des Weibes er-
ſticken, und die unwandelbarſte Treue und Er-
gebenheit deſſelben mit Vorwürfen einer deli-
rirenden Eiferſucht kränken, die den Umgang
der eingekerkerten Frau auf eine grauſame Art
einſchränken, und ſie wie eine an einen Deſpo-

ten verhandelte arme Sklavinn behandeln, —
daß es, sag ich, solche Tyrannen des Ehestandes giebt, ist leider! mehr als zu wahr; aber
ihre Anzahl ist doch wahrlich nicht so groß,
als man gemeiniglich glaubt, und vielleicht
nicht größer, als die Anzahl böser, herrsch-
süchtiger Weiber, die ihre geduldigen Männer auf eine ähnliche Art behandeln. Wer
kennt nicht jene zahlreiche Classe von Ehewei-
bern, die die aufrichtigste Liebe ihrer Männer
mit Gleichgültigkeit erwiedern, die den sau-
ren Arbeitslohn derselben auf eine unverant-
wortliche Art an den Luxus ihrer Kleider, an
den Modegeist ihrer Vergnügungen verschwen-
den, die mit einem ewig verstimmten, krän-
kelnden, eigensinnigen Humeur die tägliche
Geißel ihrer Gatten sind, die mit den Eid-
schwüren ihrer Treue wie Kinder mit Bällen
spielen, die dem guten Manne die unbedeu-
tendste Tändelei mit andern Weibern als ein
unverzeihliches Verbrechen anrechnen, die ihn
fast für weiter nichts, als einen americanischen
Pflanzer halten, der ihnen ein glänzendes
Auskommen erwerben muß, die den Haus-
halt und die Erziehung ihrer Kinder als

Ge-

Gegenstände betrachten, die unter ihrer
Würde sind, die durch ihre Zanksucht, ihre
Coquetterie, ihren Eigensinn, ihre Rechtha-
berei, ihren giftigen Wiz die Gesundheit ihrer Männer untergraben, — dergleichen Weiber giebt es nicht wenige, und man kann mit
gutem Grunde annehmen, daß durch böse
Weiber eben so viel schlechte Ehen, als durch
böse Männer veranlaßt werden.

Fünf-

Fünfter Brief.

Sie erinnern sich, mein lieber Freund, welch eine Menge Schwierigkeiten unſer Verfaſſer im Betracht einer vollkommen zu beſtimmen= den Entſcheidung der Frage: ob zwiſchen bei= den Geſchlechtern in Anſehung ihrer Seelen= kräfte ein urſprünglicher Unterſchied anzutref= fen ſey? zu finden glaubte; aber ich habe ſchon in einem der vorhergehenden Briefe bemerklich gemacht, daß er, dieſer vorgegebe= nen Schwierigkeiten ohnerachtet, entſcheidend genug annimmt, daß allein die Erziehung und der Antrieb äußerer Vortheile, als z. B. Bedienungen, Ehrenſtellen, Penſionen u. ſ. w. der Grund einer höhern Geiſtescultur unter den Männern wären, und daß folglich das andere Geſchlecht unter den nemlichen Umſtän= den gleich große Fortſchritte in Kenntniſſen und Wiſſenſchaften, als das unſre machen, oder ſchon gemacht haben würde. — Sehr gut widerlegt er gleich anfangs die Gründe

der=

derjenigen, welche darum dem andern Geschlecht weniger Seelenkräfte, als dem unsern
zuschreiben, weil es unfähig sey, Staatsgeschäfte zu treiben. „Das stärkere Geschlecht,
sagt er, würde nicht gestatten, daß es von dem
schwächern beherrscht würde, wenn schon das
schwächere dazu noch so geschickt wäre." Sehr
richtig; aber nicht bloß größere Stärke, gröſ-
sere körperliche Kraft würde den Männern die
Regierung der Staaten beständig zugesichert
haben, sondern die einmahl vorhandene Einrichtung und Ordnung aller Dinge, bringt es
so mit sich, daß die Staatsgeschäfte keinen
weiblichen Händen allgemein anvertrauet werden können, und diese Einrichtung ist nicht
bloß auf Gewohnheit, sie ist auf richtige Principien des Nachdenkens und auf das Studium
des weiblichen Characters und der weiblichen
Geistesanlagen gegründet. Man kann nicht
läugnen, daß die Weiber viel Gewandheit und
Betriebsamkeit in Geschäften zeigen, daß sie
sich leicht für politische Angelegenheiten interessiren, daß sie selbst eine Neigung haben, sich
darein zu mischen, und daß ihr Einfluß auf
dieselben nicht immer unglücklich gewesen ist;—

F

allein

allein man fand nur gar zu bald, daß die Weiber nicht zu Regentinnen der Welt gemacht
wären; man fürchte ihren Geist zu Intriguen,
ihre Wankelmüthigkeit, ihre heftigen Leidenschaften, wenn sie mehr Freiheit bekommen
würden, ihre Weichherzigkeit, und ihre Abhänglichkeit von ihren Günstlingen. Selbst
die abwechselnden Kränklichkeiten ihres Körpers standen ihnen sehr zu jenen höhern Posten
der menschlichen Gesellschaft im Wege, indem
sie dadurch zu Führung der Kriege ungeschickt
und muthloß gemacht werden, um große, weit
aussehende Plane mit gleicher Standhaftigkeit
und Geistesfestigkeit ausführen zu können.
Ganz anders urtheilt unser Verfasser. Hier
ist das Bild seiner Weiberwelt, dem ich nach-
her ein anderes entgegensetzen werde. „Wenn
die Weiber allein auf der Welt wären, fragt
er, würden unter ihren Staaten keine Streitigkeiten vorfallen? Würden sie nicht so wie
die Männer, diese Streitigkeiten anfangs mit
der Faust, mit Prügeln, mit Steinen, nach
der Zeit mit der Keule, mit dem Bogen, mit
der Schleuder, und dann endlich mit dem
Schwerdte, oder auch selbst mit Kanonen und

Flin-

Flinten entscheiden? Wer vermag das mit Gewißheit zu bestimmen? Sollten aber auch unter ihnen Kriege seltener vorfallen, als unter
uns, würde daraus ihren Staatsverfassungen
ein heftiger Vorwurf gemacht werden können?
Ueberhaupt läßt sich wohl muthmaßen, daß
eine bloß von Weibern bevölkerte Welt anders
aussehen würde, als die gegenwärtige; aber
nichts giebt Anlaß zu glauben, daß sie mit weniger Klugheit und Scharfsinn eingerichtet
seyn würde." — Ja wohl! es würde erstaun-
lich anders in einer solchen Weiberwelt, als
in der jetzigen aussehen, wenn es ein solches
drolliges Ding geben könnte. Aber ich will
nicht einmal so grausam gegen das schöne Geschlecht dieser Welt denken, ich will ihm nicht
die Männer rauben, ich will diesen nur eine
untergeordnetere Stelle geben, die Weiber sollen die Regentinnen dieser Welt seyn. —
Welch ein politisches Chaos eröfnet sich nun
nicht auf einmal vor meinen Augen! Ich sehe
das sonderbarste tragischcomische Spiel weiblicher Launen in einem bizarren Carricaturge-
mählde vor mir. — Wie wenig große, feste,
allgemeine Plane würden zum Vortheil dieser

F 2   Die

neuen Staatsmaschine zu Stande kommen! Die Regentinnen auf dem Thron und in der Hütte würden ihre Geschäfte, ihre Plane, ihre Gesetze, vermöge ihrer lebhaften Einbildungs: kraft immer nach dem ersten Eindruck, nach ihrem Hange zu Vergnügungen, nach ihrer Vorliebe zu Veränderungen, nach einem unbe: zwingbaren Eigensinn stimmen. Sie würden freilich mehr, als jetzt Staatskenntnisse suchen, aber der weibliche Geist der Intrigue würde dadurch eher vermehrt, als vermindert wer: den, man würde sich nicht durch Gründe und entschlossene Handlungen zu überwinden, man würde sich zu überlisten suchen. So machten es die meisten Regentinnen, die wir aus der Geschichte kennen. Innerliche Cabba: len, hinterlistiger Despotismuß, versteckte Furchtsamkeit und Verstellungskunst würden die stockenden Räder des Staats bewegen; aber doch nur in einem unregelmäßigen Getriebe erhalten. Wohlgenährte, herculische Lieb: linge würden das Fett der Provinzen verzeh: ren, und in dem Eingeweide des Staats wü: then. Der Durst nach Wollust, die in einer solchen Welt sehr denkbare weibliche Unscham:

haf:

haftigkeit und Sittenverderbniß, würde Or-
gien erlauben, die der lüsterne Geschmack einer
Messaline nicht verführerischer anlegen konnte.
— Wehe den armen Männern in dieser Welt,
wenn sie kein anderes Verdienst, als Verstand
und Tugend besäßen! — Wahrscheinlich würde
hier die Vielmännerei im Schwange gehen,
wenigstens läßt es sich nicht denken, warum
die Weiber, die so sehr die Veränderung lieben,
nicht öfters einen bessern, gesundern, unter-
haltendern und stärkern Sklaven, gegen einen
langweiligen, abgelebten, erschlaften Liebhaber
vertauschen sollten.

Kommen wir wieder auf die Staatsgeschäfte einer solchen Weiberwelt zurück; so
scheint es mir sehr natürlich zu seyn, daß jede
weibliche Grille, und jeder muthwillige Bei-
fall der Regentinnen theils aus Mangel richtiger und wissenschaftlicher Kenntnisse, theils aus
bloßen sich selbst überlassenen Eigenwillen, ein
Staatsgesetz werden könne, bis es durch einen
neuen Einfall, durch eine neue Laune abge-
schaft würde. Es ist ja keine männliche Fe-
stigkeit, kein reifes Ueberdenken, kein bleibendes
des Gesetzbuch da, das man dem ewigen Hin-

F 3   und

und Herschwanken der Staatsgeschäfte und
dem Geiste zu Veränderungen entgegen stellen
könnte; — oder würden wohl die Weiber ein
solches Gesetzbuch selbst ausgearbeitet haben,
würden sie ihre weibliche Natur ablegen, und
mit unerschütterlicher Beharrlichkeit und Application, bey einer zahllosen Menge von Schwierigkeiten, bei dem Gefühl von Schwäche, bey
der Ebbe und Fluth ihrer Leidenschaften, bey
der Weichherzigkeit ihrer Gefühle, ein festes
durchdachtes Staatssystem gründen und ausführen können! Tausend neue Projecte würden angefangen und wenige davon ganz ausge-
führt werden. Alles würde in einer ewigen
Gährung bleiben. Bald würde eine allgemeine Schwärmerey der Liebe und Wollust,
bald eine ceremoniöse Andächteley, bald ein un-
bändiger Freiheitssinn, bald ein gedrücktes,
lichtscheues, ängstliches Wesen mit einander
abwechseln, je nachdem die ganze Volkslaune
durch den abwechselnden Geschmack der Regentinnen so und nicht anders gestimmt würde.
— Die ganze Staatsmaschine würde in einem
ewigen Widerspruche seyn. Die Künste und
Wissenschaften würden auf diesem unruhigen
Ocean

Ocean der Societät und bey dem natürlichen Mangel an ernsthafter, aushaltender und unermüdeter Bearbeitung tiefliegender Begriffe nie gedeihen. Der weibliche Geschmack an bunten und sinnlichen Gegenständen würde seine Natur nicht ablegen, die Künste des Vergnügens und der Schönheit würden allein den weiblichen Verstand beschäftigen, — denn er würde sich ja immer mit zu vieler Mühe und mit einer Art von Ekel aus diesem Creise hinauswagen, wo die Imagination so viel gilt. Tiefe Entdeckungen abstracter Wahrheiten würden die weiblichen Academien, wenn man sich anders dergleichen denken kann, gewiß nicht machen. Doch ich will nicht länger bey einem Bilde verweilen, vor dessen Anblick die gesunde Vernunft zurück zu beben scheint — vor einer Welt, worin die ganze Menschengesellschaft bloß aus — Weibern besteht, oder worin — welches hier fast einerley sagen will, die Weiber die alleinigen Regentinnen und die Männer nur eine Societät armer Sklaven ausmachen. Ich komme zum Beschluß meiner bisherigen Betrachtungen nur noch einmal zu obiger Frage zurück, ob die Erziehung und die

Hin-

Hinsicht auf äußere Vortheile den Männern allein den höhern Geistesschwung verleihe, den wir an ihnen bemerken —, ob eine andere Erziehung, andere Umstände dem Weibe die nehmliche Energie der Denkkraft, den nehmlichen Scharfsinn in den Wissenschaften, die nehmliche ausdauernde Geisteskraft geben könne? —

Wenn dieß lediglich bei uns Männern an der Methode der Erziehung liegt, warum sehen wir denn nicht heut zu Tage mehrere scharfsinnigere, tiefdenkendere Weiber, da auch ihnen durch eine allgemein gewordene Lectüre größere und reelle Kenntnisse so leicht gemacht werden, da so viele Eltern, sonderlich in höhern Ständen, ihren Töchtern eine wissenschaftliche Erziehung geben lassen, und da jetzt so viel zur Bildung ihres Geistes geschrieben wird. Es ist wahr, daß ihnen hiezu die äußern Antriebe fehlen, daß sie nicht, so wie wir Männer, durch die Aussicht zeitlicher Vortheile angelockt werden; — wir Männer müssen uns durch das Studium der Wissenschaften zum Theil unser Brod erwerben, wir kommen,

ohne

ohne etwas gelernt zu haben, nicht weiter,
wenn uns nicht allenfalls Reichthümer, Ge-
burt, Connexionen durchhelfen; aber es bleiben doch auch noch andere mächtige Triebfedern
übrig, die das andere Geschlecht zu den
Wissenschaften hinführen. Der weibliche
Ehrgeiz hat doch schon hie und da ein Weib
zur gelehrten Frau gemacht, warum macht
dieser Antrieb nicht noch mehrere dazu, da
er uns so viele gelehrte Männer geliefert
hat; — aber es fehlt dem Weibe in der ersten Anlage, im ersten Zuschnitt seiner Geisteskräfte an dem Talent der Penetration,
und die Weiber selbst fühlen und gestehen
es, daß es ihnen daran fehlt, Die Langeweile verfolgt die meisten Weiber, sonderlich
in höhern Ständen auf eine entsetzliche Weise,
— warum sammeln sie denn auch bey einer
sehr cultivirten Erziehung keine tiefern Kenntnisse, da für einen dazu gemachten Verstand
dieß eins seiner ersten Vergnügen seyn würde,
auch ohne Rücksicht auf äußere Vortheile
seyn müßte —? Antwort. Weil ihnen die
stärkere Kraft des Denkens, die Feinheit der
Abstraction, der Drang nach systematischen

Wahr-

Wahrheiten nicht eigen ist, weil sie zu einem fortdaurenden Studium der Wissenschaften nicht so wie wir organisirt sind, wenn sie auch zu diesem Studium erzogen würden.

Man könnte mir hier einwenden, daß dieß letztere nicht früh genug geschehe, daß die meisten Weiber, die sich auf Wissenschaften legen, erst dann anfangen, wenn sie her= angewachsen sind, wenn ihre Hoffnungen zu einer Heyrath verschwinden, wenn die Noth sie dazu antreibt. Sie lernten alsdenn nicht mit Lust, der freiere Antrieb, die frühere Ue= bung käme ihnen nicht mehr zu Hülfe. — Aber ich frage hier gleich: ob wir Männer denn eigentlich durch unsern frühern Unter= richt in unsern Jugendjahren viel gewinnen, nicht einmal zu gedenken, daß unsere Töchter bis ins zwölfte und vierzehnte Jahr hin fast den nehmlichen wissenschaftlichen Unterricht, als unsre Söhne empfangen. Unsere Jugend= jahre müssen wir größtentheils mit einem Stu= dium zubringen, welches die Geisteskräfte und das Selbstdenken, zumahl wie es leider in den Schulen gelehrt wird, in nur geringe Bewe=

gung

gung sezt, ich meine todte Sprachen. Das
eigentliche Selbstdenken junger Leute fängt gemeiniglich ziemlich spät an, und man kann daher nicht sagen, daß das andre Geschlecht es
darum in den Wissenschaften nicht weit bringe,
weil es sich denselben zu spät zu widmen anfange. Besäßen die Weiber eine eigenthümli-
che Kraft des Genies, ermüdeten sie nicht so
leicht bey scharfsinnigen Untersuchungen, wäre
ihr Geist zur Erfindung abstracter Wahrheiten gemacht; so würden sie es immer noch weit
genug in den Wissenschaften bringen können,
wenn sie auch spät dieselben zu studiren anfin-
gen. Unsere besten Köpfe haben gemeiniglich
erst spät selbst zu denken angefangen, die Schule,
der Unterricht hatte selten viel dazu beige-
tragen. Ihr Geist schwang sich durch ein
theilnehmendes Interesse an wissenschaftlichen
Untersuchungen, durch einen edeln Ehrgeiz,
und durch die ihnen beiwohnende unermüdete
Thätigkeit des Genies zu der Größe empor,
die wir an ihnen bewundern, und worauf die
Menschheit stolz seyn kann.

Die Fortsetzung folgt.

Frag-

Fragmente über die Ehe.

Erstes Fragment.

Der Mensch ist geschaffen, daß er in seinen Kindern fortleben soll. — Die Erhaltung des Geschlechts ist auch bei ihm, so wie in dem übrigen unermeßlichen Reiche der Schöpfung eine der größten und weisesten Absichten der Natur; aber als Mensch sollte er sich grade in dieser Absicht weit über das Thier erheben, — er sollte zwar zur Fortpflanzung seines Geschlechts an sich thierisch organisirt seyn; aber er sollte durch ein ganz eigenes, unauslöschliches Princip sittlicher Gefühle — durch Liebe und Zuneigung zu dem stärkern oder schwächern Geschlechte hingezogen werden. — Die Abhänglichkeit beider Geschlechter von einander sollte durch ein mehr als thierisches Interesse erhalten werden, indem sie von dem Urheber des Menschen zu einer Angelegenheit des Herzens

zens gemacht wurde, unser Daseyn sollte das
durch einen wichtigen Zusatz von bleibender
Glückseligkeit erhalten, und unsre Kinder soll=
ten eben dadurch mit unauflöslichen Banden
zu unsern Herzen hingezogen und zu vernünf=
tigen Menschen gebildet werden. Ohne den
Besitz seiner Vernunft bedurfte der Mensch
zur Fortpflanzung seines Geschlechts jenes be=
seeligenden Triebes der Liebe nicht. — Sie
wird erst durch die Vorstellung der Edeln und
Schönen geboren, und muß sich durchaus auf
beides beziehen, wenn auch diese Vorstellung
selbst für den thierischern Menschen dunkel
bleibt, und bey gewissen verwilderten Natio=
nen gar nicht da zu seyn scheint. Bei der ge=
nauesten Auflösung und Zergliederung ihrer
Bestandtheile bleibt immer noch ein Etwas
übrig, das sie zu einer geistigen Leidenschaft
macht, weil sie einen so großen Einfluß auf die
Verfeinerung unsrer Sitten, unsrer Denkungs=
art, unsrer Gefühle hat, weil sie uns gleich einer
edeln Ehrbegierde zu großen Thaten anfeuert,
zu großen Aufopferungen geschickt macht, weil
sie niedrige Leidenschaften in uns erstickt, und
weil sie vornehmlich unser Herz zu einem

Ge=

Gefühle von Seeligkeit erhebt, die ihnen
kein anderes Gut der Erde gewähren kann.
— Doch es ist hier meine Absicht nicht, der
Liebe eine Lobrede zu halten, noch ihre innere Natur genauer zu untersuchen. Dieß
wird der Gegenstand einer der folgenden
Aufsätze seyn. Ich will jene Leidenschaft hier
vornehmlich nur in Rücksicht ihrer Verbindung
mit der Ehe und derjenigen Lebensphilosophie
betrachten, welche uns in diesem Stande die
höchste Vorsicht und Behutsamkeit zum Gesetz
macht, und schon vorher unser Herz vor den
vielen Selbsttäuschungen sichern soll, denen wir
nur zu sehr bey der Wahl jenes Standes unterworfen sind. Vielleicht dürfte man daher
in den folgenden Fragmenten mehr gewisse
nothwendige Regeln, die aus der Natur der
Sache genommen sind, als weitläuftige Untersuchungen über die Natur der Sache antref-
fen, doch wird es auch an letztern nicht fehlen,
wenn es der Gegenstand so mit sich bringt,
und wenn die Regel nicht wohl verstanden
werden kann, ohne daß dabei die Gesetze unsres Willens und die Natur unsrer Leidenschaften genauer erwogen werden. — Meine erste

Re-

Regel, die ich hier aufstellen will, heißt so: Hütet euch ja vor zu frühen Eheverspre= chungen, so lange ihr keine Aussicht zu einem anständigen Auskommen habt! Die Regel ist freilich schon tausendmahl ge= sagt, aber ich will sie hier in dem ganzen Um= fange ihrer fürchterlichen Folgen betrachten, wenn man sie zu früh übertritt, und sich da= durch Ketten anlegt, die vielleicht Zeitlebens drücken.

Wenn die Leidenschaft der Liebe ihren er= sten Sturm auf das menschliche Herz beginnt, in einem Alter, wo das Blut des Jünglings und des Mädchens glühet, wo die Seelen am weichsten, gefühlvollsten sind, wo die Imagination in Erfindung neuer, versinnlich= ter Bilder der Liebe keine Grenzen kennt, wo ihn seine Leidenschaften in einem gemeinschaft= lichen Taumel unwillführlich mit sich fortreif= sen, — in diesem Alter können die wenigsten Menschen sich verheirathen, und es ist sehr gut, daß sie es nicht können. — Demohner= achtet ist hinwiederum nichts natürlicher und gewöhnlicher, als daß junge Leute durch die

im=

immer neuen, immer schönern und lebhaftern
Reize ihrer Schooßneigung angetrieben, schon
früh an reellere Verbindungen denken, die erst
für das reifere Alter, für den gebildeten Mann,
für das zu reifen Verstande gelangte Mädchen
bestimmt sind. Der erwachsene Knabe denkt
sich voll schwärmerischer Empfindungen in die
Arme einer Gattinn hin, ehe er noch die Wichtigkeit seiner künftigen Bestimmung kennt;
alles was seine zärtliche Leidenschaft nährt und
begünstigt, schwebt in einem rosenfarbenen
Lichte vor seinen Augen, seine ganze Seele
schwärmt gleichsam um das geliebte Bild seiner
Imagination herum, — anfangs entzückt ihn
ein bloßer gütiger Blick der Geliebten bis in
Himmel, — ein freundlicher Ausdruck setzt ihn
in Verwirrung, — er kann sein Glück nicht
mehr fassen, nicht mehr beschreiben. Unter-
dessen schweift seine Phantasie immer weiter
aus, ohne daß sie ihn befriedigt, — sie thut
Riesenschritte, und scheint nur noch einen
Wunsch zur Fülle seiner Glückseeligkeit übrig
zu haben, — den Wunsch eines nähern und
freieren Umgangs mit dem geliebten Gegenstande — und dieser Wunsch kann durch nichts
leich-

leichter erfüllt werden, als durch eine Verspre-
chung, wodurch beide sich zu einer ewigen Liebe
verpflichten, und über lang oder kurz durch un-
auflösliche Bande eines ganz neuen Standes
freiwillig verbunden seyn wollen. Die Leidenschaft der Liebe fordert durchaus diese Genug-
thuung, diesen feierlichen Contract der Herzen,
weil sich beide Geliebte dadurch zu beruhigen
meinen, weil sie die Reinigkeit ihrer Absichten
nicht besser an Tag zu legen glauben, und weil
in einem solchen Versprechen schon ein Vorge-
fühl jener unnennbaren ehelichen Glückseligkeit
liegt, welcher sie mit so vieler Sehnsucht entgegen sehen. — Allein gemeiniglich wird diese
vorherempfundene Glückseligkeit durch das
vorhergegangene Versprechen unendlich verbit-
tert, man stürzt sich und die Geliebte in einen
Abgrund von Unruhen und quählenden Besorgnissen, man vergiftet sich durch ein zu langes Abwarten des neuen Standes alle Freuden
des Lebens, und ein zu langer Aufschub ist
nicht selten wohl gar das Grab der feurig-
sten Liebe. — Aus jenen Besorgnissen, aus
den Schwierigkeiten, die sich unsrer glühenden
Leidenschaft entgegen setzen, aus der neuen Be-

G   kannt-

kanntſchaft mit vielerlei uns entgegenhandeln‐
den Menſchen, aus dem Eigenſinn und Em‐
pfindlichkeit der Leidenſchaft ſelbſt entſtehen
dann wiederum die fürchterlichſten Launen und
Gemüthsſtimmungen; die Hoffnung welche
mit jedem neuen Aufſchube getäuſcht wird, iſt
endlich nicht mehr vermögend, die Seele in
dem gehörigen Gleichgewichte zu erhalten, und
ſie vor den ſchwarzen Bildern zu ſchützen, wel‐
che die erhitzte Phantaſie um ſo mehr herbei‐
führt, je zärtlicher das Herz liebt, und je frü‐
her es in dem Beſitz ſeiner ganzen Glückſelig‐
keit zu ſeyn wünſcht. Je weiter man in dem
Genuſſe eines freien Umganges mit dem gelieb‐
ten Gegenſtande vorwärts ſchreitet, je mehr
man ſich nun vollends ganz entdeckt hat, je
größer wird die Quaal des Aufſchubes — es
wird täglich neues Oehl ins Feuer gegoſſen, die
Bilder der Imagination drängen ſich mit Ge‐
walt herbei, weil man ſich als des andern Ei‐
genthum betrachtet, und ſeinen Umarmungen
mehrere Freiheit giebt, und doch fühlt man
nur zu ſehr, daß dieſe Bilder, dieſe Ebbe und
Fluth unſrer Phantaſie, dieſe nur immer be‐
wunderten, immer nur angebeteten und doch

im‐

immer nur halbgenoſſenen Reize nicht das Endz
ziel unſrer zärtlichen Wünſche ſeyn können.
Die Ungedulb, der fürchterlichſte Dämon der
Verliebten, geſellt ſich zu allen dieſen Martern,
und giebt oft auf lange Zeit unſer ganzes Herz
einer übeln Laune preiß, die der Liebe biswei=
len eben ſo gefährlich als Untreue werden
kann. — Allein dieſe finſteren Launen, dieß
mürriſche in ſich gekehrte Weſen, das ſo vielen
Verlobten eigen iſt, wenn ſie lange auf die
Erfüllung ihrer Wünſche warten müſſen, die
Erbitterung gegen ſo viele uns im Wege ſte=
hende Menſchen, und die einſeitige liebloſe Be=
urtheilung derſelben, die unvorſichtigen raſchen
Entſchlieſſungen in dieſer Lage, die ſich junge
Männer ſo leicht erlauben, — dieſe Dinge
ſind es nicht allein, welche ich als eine höchſt
traurige Folge einer zu frühen Verlobung be=
trachte, ſondern die dadurch verminderte Nei=
gung zu Arbeiten und nützlichen Geſchäften, das
würkliche Zurückkommen von ſeinem Privatfleiß
und nützlicher Geiſtesthätigkeit, iſt in meinen
Augen eine faſt eben ſo ſchlimme Folge jenes Zu=
ſtandes, worinn der Menſch eigentlich im Wa=
chen träumt, und im Traume wacht, wie ihn

eu

einer unsrer Dichter ausdrückt. Die schönsten
und allerwichtigsten Jahre so vieler jungen
Männer, worin sie die größten Fortschritte in
den Wissenschaften machen konnten, worin die
Seele den eigentlichen Grad ihrer männlichen
Reife und Ausbildung bekommen mußte, wor‹
in der Character des Menschen gleichsam seine
bleibende Consistenz und Richtung annehmen
soll, worin wir überhaupt alle zu den wichtig‹
sten Bestimmungen unsres Lebens vorbereitet
und geläutert werden müssen, werden in den
zu frühen Träumen einer schwärmerischen, ex‹
centrischen Liebe vertändelt, und im eigentli‹
chen Sinne des Worts zu unserm eigenen
Schaden verschwendet. Die besten Anlagen
des Jünglings zum nützlichen Staatsbürger,
zum brauchbaren Gelehrten oder Künstler blei‹
ben in diesem Zeitraume unangebaut, oder
nehmen eine schiefe Richtung an. — Der Ver‹
liebte ist der einseitigste Mensch von der Welt.
Alles, was keine Beziehung auf seine Lieblings‹
neigung hat, was nicht den Enthusiasmuß sei‹
ner Gefühle nährt, ihm nicht seinem Ziele nä‹
her bringt, ist ihm höchst gleichgültig, er schafft
sich eine eigene Ideenwelt, worin er lebt, oder
ei‹

eigentlich träumt, in dieser Ideenwelt ist alles romantisch, ungewöhnlich, übermenschlich, alles hat eine andere Gestalt, als in der würklichen Welt, — alles dreht sich dort in einer Art Bezaubrung um seine glühende Phantasie, — und alles kann augenblicklich wieder die schönsten Metamorphosen annehmen, wenn es der Zauberspiegel seiner Liebe verlangt. Sehr natürlich, daß daher dem Liebenden die würkliche Welt worin alles ganz anders, und ihm so vieles grade zuwider ist, nicht sehr behagen kann. Er fühlt sich darin überall beengt, und gleichsam eingekerkert. Seine emporstrebende Einbildungskraft stößt gleichsam an tausend Ecken an, und wird immer wieder auf die würkliche Welt zurückgewiesen. Seine Berufsgeschäfte werden ihm zur Last, — er schwärmt nur in rosigen Gefilden und lichtvollen Himmeln, und vergißt darüber, — was er auf der Erde zu thun hat. Seine Grundsätze, sein Character müssen nach und nach durchaus die Farbe seiner Leidenschaft annehmen, so flatterhaft, schwankend und inconsequent diese ist, eben so mobil müssen auch jene werden, da sie das Spiel der Leidenschaft selbst geworden sind

sind, und der Einbildungskraft nur noch gleichsam als Zofen dienen müssen.   Von solchen ex-
centrischen Menschen läßt sich fürs Beste der
Menschheit nicht viel erwarten, da sie nur immer mit sich beschäftigt sind, und nur mit
Zwang und Unlust arbeiten.   Je länger sie sich
in jener Lage befinden, je weiter das Ziel ihrer
Wünsche hinausgerückt wird, je früher sie sich
zu einer ehlichen Verbindung verpflichteten, je
wenigern Anspruch wird die Welt an ihre Thätigkeit machen können, sie hat oft Ursach, sie
als Irrsinnige zu betrachten, die man nur ge-
brauchen kann, wenn sie ihre lucida intervalla
haben.

Schlimmer als alles ist bey zu frühen
Verlobungen — die Gefahr einer erkalteten
Liebe.   Die Gewohnheit, welche in tausend
Fällen so viel über den Menschen vermag, und
ihn so leicht zu ihrem Sklaven macht, scheint
grade in diesem Fall ihre sonst unausbleibliche
Würkung zu verfehlen. — Die Spannung der
Seele, welche sie durch das lebendige Gefühl
der Liebe annimmt, das Feuer, welches in ihr
durch leztere angezündet wird, die angestrengte

Aufs-

Aufmerksamkeit auf einen einzigen Gegenstand
und auf die damit verbundene, auch den Männern eigene Coquetterie — besser scheinen zu
wollen, — als man ist, der Zauber der Imagination und die stille, tiefe Anbetung des geliebten Gegenstandes, kann ohnmöglich selbst
bey einem hohen Grade von zärtlicher Schwärmerei lange dauern. — Die Seele sucht einen
Ruhepunkt, — und sollte sie ihn auch gleichsam in einem kältern Clima ihrer Empfindungen suchen. Die feurige überströmende Sprache, der hohe Ausdruck der Zärtlichkeit nimmt
nach und nach wieder ab — und dieß um so viel
mehr, da keine Sprache geschwätziger und doch
zugleich ärmer ist, als die Sprache der Liebe.
Die Qualen des Aufschubes mischen sich augenblicklich in die Herzensergießungen der Geliebs-
ten, — diese Leiden selbst haben anfangs zwar etwas Süßes; — aber das Bittere schmeckt
bald so sehr durch, daß die Imagination sich
alle Mühe geben muß, sie immer noch ange-
nehm zu finden; — man findet endlich nicht
mehr das Verdienstliche darin, was die aufkei-
mende, schwärmerische Liebe sonst darin fand.
Dabey lernt man sich zu genau kennen, —

man sieht und beobachtet sich in mehrern Verhältnissen, — man blickt durch den Schleier
der zärtlichen Verstellung wenigstens bisweilen
durch. — Die Schuppen fallen den Verliebten
nach und nach von den Augen herab, und nun
entsteht auf einmal die traurige Nothwendigkeit bey so vielen Verlobten, — einen Grad
von Liebe zu erkünsteln, den sie nicht fühlen,
damit die Leidenschaft nicht abzunehmen, sondern zuzunehmen, wenigstens in dem Maaße
fortzudauren scheine, als vorher. Die Liebe
wird ein Kunstgewebe von Politik, von Vorsicht, von ängstlicher Besorgniß, — und nun
hat sie bey weniger edeln Menschen schon alles
zu fürchten; — und vielleicht nichts mehr zu
hoffen, wenn auch die Ehe ins Mittel treten
sollte, die verwelkende Schönheit der Leidenschaft wieder anzufrischen. Es ist ein schlim-
mes Ding, wenn die Leidenschaften alt werden! und wenn man ihnen Schminke reichen
muß, damit sie den geliebten Gegenstande nicht
in ihrer älternden Gestalt erscheinen. Es ist
nur gar zu gewöhnlich, daß sie in unsren Augen dann vollends noch alle Reize verliehren,
wenn wir den Betrug entdecken, wenigstens

hinter dem angenommenen Colorit eine uner=
wartete, minder wahre Gestalt bemerken. —
Wem fallen hier nicht die vielen traurigen
Beispiele von wieder aufgelösten Verlobungen
ein! die bloß durch einen zu langen Aufschub,
durch den Eigensinn der kälter werdenden Lei=
denschaft, und durch die lästige Nothwendigkeit,
die Fortdauer der Liebe zu erkünsteln, veran=
laßt wurden. Unser Geschlecht verliehrt durch
dergleichen Trennungen freilich nicht so viel,
als das weibliche, — ein junger Mann wird
hundert Mädchen finden, die ihm ihre Hand
bieten, wenn er auch den Schwur der Treue
gegen eine andere gebrochen hat, oder die Auf=
hebung des ehelichen Versprechens von Seiten
des Frauenzimmers geschahe;— aber das arme
Mädchen die von ihrem Geliebten hintergan=
gen wurde, die ein treuloser Schurke sitzen ließ,
bleibt gemeiniglich bis an ihr seliges Ende eine
alte Jungfer. Der Zustand eines solchen ver=
laßenen Mädchens scheint mir der allerschreck=
lichste zu seyn, wenn es nicht Leichtsinn genug
besitzt, sich darüber zu beruhigen, oder Gele=
genheit hat, die entstandene Leere seines Her=
zens bald wieder auszufüllen. Alle die schö=

G 5   nen

nen Aussichten in die Zukunft, woran sich das
weibliche Herz mit der frohen Hinsicht auf
häusliche Glückseligkeit labte, alle jene süßen
Träume, worin sich die lebhafte Phantasie des
Mädchens im Taumel der Liebe wiegte, sind
gleichsam auf ewig verschwunden, es fühlt jezt
eine schmerzliche Wunde von ganz neuer Art,
— beleidigte Eitelkeit und beleidigte Liebe fol-
tern es zu gleicher Zeit, und ein finsteres Mißtrauen gegen sich selbst und gegen andere Menschen hat die zarten Gefühle von weiblicher Anhänglichkeit und Offenherzigkeit verdrängt.
So sehr auch das Publicum ein solches un-
glückliches Mädchen bedauren wird, wenn sie
ihren Geliebten keine Veranlassung zur Untreue gab, so unruhig wird es sich doch fühlen,
daß das Publicum von jener zerrissenen Verbindung unterrichtet ist, sie wird sich selbst bey
dem reinen Gefühl ihrer Unschuld als eine Art
Missethäterin betrachten, auf die ein großer
Theil unedler Menschen die Pfeile seiner Medisance und seines Gespöttes abdrückt, und sie
zum Gegenstande seiner witzigen Conversatio-
nen macht. — Dabey fühlt es in seinem Herzen eine Leerheit, die ihm mit jedem Augen-

blicke

blicke unerträglicher wird; — es muß das Bild
des treulosen Geliebten aus seinem Busen reis-
sen, denn es kann ja den Geliebten nun nicht
mehr als ihr Eigenthum betrachten; es muß
jeden Zugang des Herzens vor ihm verschließen,
da es sonst jeden Zug jenes Bildes mit einer
unaussprechlichen Seeligkeit in sich abgedruckt
fand; es muß den Gegenstand seiner vorigen
Anbetung nun als einen Mörder seiner Ruhe,
als ein Ungeheuer der Menschheit verabscheuen.
Die Unglückliche wagt es nun nicht mehr, sich
an dem schönsten aller Gedanken zu weiden,
dereinst die glückliche Mutter und Erzieherinn
einer glücklichen Familie zu seyn; die Kinder
ihrer Liebe werden sich nicht an ihrem Busen
schmiegen, nicht auf ihrem mütterlichen Schoos-
se schlummern, sie wird unser ganzes Geschlecht hassen, weil sie leicht argwohnt, daß
ein jeder andrer Mann auch so handeln würde,
— — wenigstens so handeln könnte. — Jener Haß wird zwar mit der Zeit wieder abnehmen, sie wird sich in neuen Verhältnissen, in
neuen Situazionen zu unserm Geschlecht hingezogen fühlen, die ängstliche Furcht, unver-
heirathet zu bleiben, wird ihre Coquetterie wieder

der rege machen; aber ihr einmal gefaßter Arg-
wohn gegen unfer Geschlecht wird fie ftets be-
gleiten, fie wird nun das durch Lift und Kunft
zu erhalten fuchen, was fie anfangs durch weibliche Unfchuld und Herzlichkeit erlangt hatte,
— ihr Character wird eine Zweideutigkeit annehmen, die man fonft nicht an ihm bemerkte, und
der bey fo vielen Frauenzimmern auffallend
fichtbar ift, wenn die herannahenden Jahre
ihnen mehrere Kunftgriffe zu erlauben fcheinen,
das lezte Ziel ihrer Wünfche, durch — einen
Mann zu erreichen.

Noch unglücklicher wird fich die arme Ver-
laffene fühlen, wenn ihr vollends Sorgen der
Nahrung drohen, denen fie durch eine anftän-
dige Verheirathung zu entgehen dachte; wenn
fie bey den Schwächlichkeiten ihres Körpers
einem traurigen, hülflofen Alter entgegen fehen
muß, wenn fie kein ruhiges Pläzchen der Erde
kennt, wohin fie fliehen foll, um den bittern
Vorwürfen ihrer harten Anverwandten und
den eigenen verborgenen Leidens ihres Herzens
zu entgehen. Die Hoffnung, — die bey dem
andern Geschlecht fo viel vermag, fo lange noch
die

die Reize des Körpers ihre Fürsprecherinnen sind, wird sie zwar bisweilen wieder aufrichten, und die schmerzlichen Eindrücke wegen des erstern Verlusts in etwas verwischen; sie wird neue Versuche machen, ein männliches besseres Herz zu gewinnen; aber jede Verunglückung des neuen Versuchs wird sie nur desto mehr kränken, weil sie den mißlungenen Versuch immer als eine Folge ihres ersten Unglücks betrachten wird, und weil mit jeder fehlgeschlagenen Hoffnung die Aussichten in eine glücklichere Wendung ihres Schicksals abnehmen müssen. Bei allen diesen fürchterlichen Gefühlen werden ihr demohnerachtet sehr oft die Bilder jener seltgen Freuden vorschweben, die sie sonst in dem Umgange mit ihrem Geliebten und durch eine der süßesten Leidenschaften, durch die Unschuld der Liebe, genossen haben; aber indem sie über die Untreue eines unehrlichen Mannes bittere Thränen weint, wird sie auch noch vielleicht über manches Opfer ihrer Schamhaftigkeit im stillen erröthen, das sie dem feurigen Liebhaber unwillkürlich brachte; zum tiefsten Abgrunde des Elendes wird sie sich aber vollends dann herabgestürzt fühlen, wenn sie sich den

den treulosen Mann in den Armen eines andern Weibes denkt, der vielleicht der Schwächen des armen verlassenen Mädchens spottet,
und durch falsche, hämische Erzählungen gewisser Dinge den ehrlichen Namen der Unglücklichen auf eine niederträchtige Art brandmarkt. —

Auf der Stirne der meisten Verlobten,
die zu früh ihre Herzen gegen einander aus-
tauschten, liest man den Mismuth, der an ihren Herzen nagt, und bittern Wermuth in den
Becher ihrer Freuden gießt, — auch lehrt die
Erfahrung, daß selten aus langen Verlobungen glückliche Ehen entstehen. Die Sache ist
ganz natürlich. Das Mädchen wird während
des langen Aufschubes alt und welk, ihre körperlichen Reize verliehren sich nach und nach,
sie muß durch den Putz den Verlust jener zu
ersetzen suchen, ihr jugendlicher Frohsinn nimt
mit jedem Jahre des Aufschubes ab, — es
entstehen zwischen beiden Verlobten kalte In-
tervallen, die für die künftige Ehe keine er-
freulichen Aussichten geben, und das Gemüth
im Voraus für die Zukunft verstimmen. Der
Gedanke, für und mit einander während des
langen

langen Aufſchubes zu alt zu werden, erregt
tauſend neue Beſorgniſſe, ſonderlich beim an=
dern Geſchlecht. — Man weiß, wie viel davon
abhängt, das die körperliche Geſundheit und Le=
benskraft bei beiden Theilen einen parellelen
Schritt mit einander halte, daß die Ehen ſel=
ten glücklich ausfallen, wenn die Hausfrau
zu früh alt wird, daß die Eiferſucht in dieſem
Fall gewöhnlich eine unausbleibliche Folge da=
von iſt, und daß man in Zukunft ſich ohne
große Kunſtgriffe und Aufopferungen nicht
lange wird feſſeln können, wenn die Gewoh=n=
heit uns den Eheſtand aus einem ganz andern
Geſichtspunkte, als vorher bey den Tände=
leien der Liebe, ſehen laſſen ſollte. Noch trau=
riger muß für nachdenkende Menſchen die Be=
ſorgniß ſeyn, daß bey einem zu langen Auf=
ſchube einer ehelichen Verbindung beide Eltern
nicht die beruhigende Hoffnung haben können,
ihre Kinder groß und verſorgt zu ſehen. —
Doch ich will aufhören, die traurige Lage zu
ſchildern, in welcher ſich die meiſten jungen
Leute, die ſich zu früh mit einander verſprechen,
befinden, und ich denke, daß meine Abhand=
lung hierüber für Eltern und Kinder Winke
genug

genug enthalte, jenen Schritt zu verhüten, der
schon unendlich viel häusliche Leiden und uns
glückliche Ehen veranlaßt hat. Von denjeni-
gen ehelichen Versprechungen, die in höhern
Ständen von der Politik, von dem Handels-
geist der Eltern, von Cabbalen einzelner Par-
theien, vom Ahnenstolz der Verwandten, von
dem Interesse der Günstlinge veranlaßt worden, rede ich hier nicht, da nach dem Zeugniß
aller Zeiten die Großen dazu bestimmt zu seyn
scheinen, — in unglücklichen Ehen zu leben!

Ende der zweiten Sammlung.